MEINE MEDITERRANEN REZEPTE 2022

LECKERES REZEPT

ANGELIKA STICH

Inhaltsverzeichnis

Kichererbsensalat Wraps mit Sellerie

Zubereitungszeit: 10 Minuten

Kochzeit : 0 Minuten

Portionen: 4

Schwierigkeitsgrad: Leicht

Zutaten:

- 1 (15-Unzen / 425-g) Dose natriumarme Kichererbsen
- 1 Stange Sellerie, in dünne Scheiben geschnitten
- 2 Esslöffel fein gehackte rote Zwiebel
- 2 Esslöffel ungesalzenes Tahin
- 3 Esslöffel Honig-Senf
- 1 Esslöffel Kapern, nicht entwässert
- 12 Buttersalatblätter

Richtungen:

In einer Schüssel die Kichererbsen mit einem Kartoffelstampfer oder dem Gabelrücken zu einer weitgehend glatten Püree pürieren. Sellerie, rote Zwiebel, Tahini, Honigsenf und Kapern in die Schüssel geben und verrühren, bis alles gut eingearbeitet ist.

Für jede Portion drei überlappende Salatblätter auf einen Teller legen und mit ¼ der pürierten Kichererbsenfüllung belegen, dann aufrollen. Mit den restlichen Salatblättern und der Kichererbsenmischung wiederholen.

Ernährung (für 100g): 182 Kalorien 7,1 g Fett 3 g Kohlenhydrate 10,3 g Protein 743 mg Natrium

Gegrillte Gemüsespieße

Zubereitungszeit: 15 Minuten

Kochzeit : 10 Minuten

Portionen: 4

Schwierigkeitsgrad: Leicht

Zutaten:

- 4 mittelgroße rote Zwiebeln, geschält und in 6 Spalten geschnitten
- 4 mittelgroße Zucchini, in 2,5 cm dicke Scheiben geschnitten
- 2 Beefsteak-Tomaten, in Viertel geschnitten
- 4 rote Paprika
- 2 orangefarbene Paprika
- 2 gelbe Paprika
- 2 Esslöffel plus 1 Teelöffel Olivenöl

Richtungen:

Den Grill auf mittlere Hitze vorheizen. Spieße das Gemüse abwechselnd mit roten Zwiebeln, Zucchini, Tomaten und den verschiedenfarbigen Paprikaschoten auf. Fetten Sie sie mit 2 EL Olivenöl ein.

Die Grillroste mit 1 TL Olivenöl einölen und die Gemüsespieße 5 Minuten grillen. Die Spieße umdrehen und weitere 5 Minuten grillen, oder bis sie nach Belieben gegart sind. Lassen Sie die Spieße vor dem Servieren 5 Minuten abkühlen.

Ernährung (für 100g): 115 Kalorien 3g Fett 4,7g Kohlenhydrate 3,5g Protein 647mg Natrium

Gefüllter Portobello-Pilz mit Tomaten

Zubereitungszeit: 10 Minuten

Kochzeit : 15 Minuten

Portionen: 4

Schwierigkeitsgrad : Durchschnitt

Zutaten:

- 4 große Portobello-Pilzkappen
- 3 Esslöffel natives Olivenöl extra
- Salz und schwarzer Pfeffer nach Geschmack
- 4 getrocknete Tomaten
- 1 Tasse geriebener Mozzarella-Käse, geteilt
- ½ bis ¾ Tasse natriumarme Tomatensauce

Richtungen:

Den Grill auf höchster Stufe vorheizen. Die Pilzkappen auf ein Backblech legen und mit Olivenöl beträufeln. Mit Salz und Pfeffer bestreuen. 1o Minuten braten, dabei die Pilzkappen halb durchdrehen, bis sie oben gebräunt sind.

Aus dem Grill nehmen. Auf jede Pilzkappe 1 Tomate, 2 Esslöffel Käse und 2 bis 3 Esslöffel Sauce geben. Geben Sie die Pilzkappen zurück in den Grill und braten Sie 2 bis 3 Minuten weiter. Vor dem Servieren 5 Minuten abkühlen lassen.

Ernährung (für 100g): 217 Kalorien 15,8 g Fett 9 g Kohlenhydrate 11,2 g Protein 793 mg Natrium

Verwelktes Löwenzahngrün mit süßer Zwiebel

Zubereitungszeit: 15 Minuten

Kochzeit : 15 Minuten

Portionen: 4

Schwierigkeitsgrad: Leicht

Zutaten:

- 1 Esslöffel natives Olivenöl extra
- 2 Knoblauchzehen, gehackt
- 1 Vidalia-Zwiebel, in dünne Scheiben geschnitten
- ½ Tasse natriumarme Gemüsebrühe
- 2 Bund Löwenzahngrün, grob gehackt
- Frisch gemahlener schwarzer Pfeffer, nach Geschmack

Richtungen:

Das Olivenöl in einer großen Pfanne bei schwacher Hitze erhitzen. Fügen Sie den Knoblauch und die Zwiebel hinzu und kochen Sie 2 bis 3 Minuten lang unter gelegentlichem Rühren oder bis die Zwiebel durchscheinend ist.

Die Gemüsebrühe und das Löwenzahngrün unterheben und unter häufigem Rühren 5 bis 7 Minuten kochen, bis sie zusammenfallen. Mit schwarzem Pfeffer bestreuen und warm auf einem Teller servieren.

Ernährung (für 100g): 81 Kalorien 3,9 g Fett 4 g Kohlenhydrate 3,2 g Protein 693 mg Natrium

Sellerie und Senfgrün

Zubereitungszeit: 10 Minuten

Kochzeit : 15 Minuten

Portionen: 4

Schwierigkeitsgrad : Durchschnitt

Zutaten:

- ½ Tasse natriumarme Gemüsebrühe
- 1 Stange Sellerie, grob gehackt
- ½ süße Zwiebel, gehackt
- ½ große rote Paprika, in dünne Scheiben geschnitten
- 2 Knoblauchzehen, gehackt
- 1 Bund Senfgrün, grob gehackt

Richtungen:

Gießen Sie die Gemüsebrühe in eine große gusseiserne Pfanne und bringen Sie sie bei mittlerer Hitze zum Köcheln. Sellerie, Zwiebel, Paprika und Knoblauch unterrühren. Ungefähr 3 bis 5 Minuten ohne Deckel kochen.

Das Senfgrün in die Pfanne geben und gut umrühren. Hitze reduzieren und kochen, bis die Flüssigkeit verdampft ist und das Grün verwelkt ist. Vom Herd nehmen und warm servieren.

Ernährung (für 100g): 39 Kalorien 3,1 g Protein 6,8 g Kohlenhydrate 3 g Protein 736 mg Natrium

Rührei mit Gemüse und Tofu

Vorbereitungszeit: 5 Minuten

Kochzeit : 10 Minuten

Portionen: 2

Schwierigkeitsgrad: Leicht

Zutaten:

- 2 Esslöffel natives Olivenöl extra
- ½ rote Zwiebel, fein gehackt
- 1 Tasse gehackter Grünkohl
- 8 Unzen (227 g) Champignons, in Scheiben geschnitten
- 8 Unzen (227 g) Tofu, in Stücke geschnitten
- 2 Knoblauchzehen, gehackt
- Prise rote Paprikaflocken
- ½ Teelöffel Meersalz
- 1/8 Teelöffel frisch gemahlener schwarzer Pfeffer

Richtungen:

Das Olivenöl in einer mittelgroßen beschichteten Pfanne bei mittlerer bis hoher Hitze kochen, bis es schimmert. Zwiebel, Grünkohl und Champignons in die Pfanne geben. Kochen und unregelmäßig umrühren, oder bis das Gemüse anfängt, braun zu werden.

Fügen Sie den Tofu hinzu und braten Sie ihn 3 bis 4 Minuten lang, bis er weich ist. Knoblauch, rote Paprikaflocken, Salz und schwarzen Pfeffer einrühren und 30 Sekunden kochen lassen. Lassen Sie es vor dem Servieren ruhen.

Ernährung (für 100g): 233 Kalorien 15,9 g Fett 2 g Kohlenhydrate 13,4 g Protein 733 mg Natrium

Einfache Zoodles

Zubereitungszeit: 10 Minuten

Kochzeit : 5 Minuten

Portionen: 2

Schwierigkeitsgrad: Leicht

Zutaten:

- 2 Esslöffel Avocadoöl
- 2 mittelgroße Zucchini, spiralisiert
- ¼ Teelöffel Salz
- Frisch gemahlener schwarzer Pfeffer, nach Geschmack

Richtungen:

Das Avocadoöl in einer großen Pfanne bei mittlerer Hitze erwärmen, bis es schimmert. Fügen Sie die Zucchininudeln, Salz und schwarzen Pfeffer in die Pfanne und werfen Sie sie zum Überziehen. Kochen und ständig rühren, bis sie weich sind. Warm servieren.

Ernährung (für 100g): 128 Kalorien 14 g Fett 0,3 g Kohlenhydrate 0,3 g Protein 811 mg Natrium

Linsen-Tomaten-Collard-Wraps

Zubereitungszeit: 15 Minuten

Kochzeit : 0 Minuten

Portionen: 4

Schwierigkeitsgrad: Leicht

Zutaten:

- 2 Tassen gekochte Linsen
- 5 Roma-Tomaten, gewürfelt
- ½ Tasse zerbröckelter Feta-Käse
- 10 große frische Basilikumblätter, in dünne Scheiben geschnitten
- ¼ Tasse natives Olivenöl extra
- 1 Esslöffel Balsamico-Essig
- 2 Knoblauchzehen, gehackt
- ½ Teelöffel roher Honig
- ½ Teelöffel Salz
- ¼ Teelöffel frisch gemahlener schwarzer Pfeffer
- 4 große Kohlblätter, Stiele entfernt

Richtungen:

Linsen, Tomaten, Käse, Basilikumblätter, Olivenöl, Essig, Knoblauch, Honig, Salz und schwarzen Pfeffer mischen und gut verrühren.

Legen Sie die Kohlblätter auf eine ebene Arbeitsfläche. Die gleichgroßen Mengen der Linsenmischung auf die Blattränder geben. Aufrollen und zum Servieren halbieren.

Ernährung (für 100g): 318 Kalorien 17,6 g Fett 27,5 g Kohlenhydrate 13,2 g Protein 800 mg Natrium

Mediterrane Gemüseschale

Zubereitungszeit: 10 Minuten

Kochzeit : 20 Minuten

Portionen: 4

Schwierigkeitsgrad : Durchschnitt

Zutaten:

- 2 Tassen Wasser
- 1 Tasse Bulgur-Weizen Nr. 3 oder Quinoa, abgespült
- 1½ Teelöffel Salz, geteilt
- 1 Pint (2 Tassen) Kirschtomaten, halbiert
- 1 große Paprika, gehackt
- 1 große Gurke, gehackt
- 1 Tasse Kalamata-Oliven
- ½ Tasse frisch gepresster Zitronensaft
- 1 Tasse natives Olivenöl extra
- ½ Teelöffel frisch gemahlener schwarzer Pfeffer

Richtungen:

Kochen Sie das Wasser in einem mittelgroßen Topf bei mittlerer Hitze. Fügen Sie den Bulgur (oder Quinoa) und 1 Teelöffel Salz hinzu. Bedecken Sie und kochen Sie für 15 bis 20 Minuten.

Um das Gemüse in Ihren 4 Schüsseln anzuordnen, teilen Sie jede Schüssel optisch in 5 Abschnitte auf. Legen Sie den gekochten Bulgur in einen Abschnitt. Folgen Sie mit den Tomaten, Paprika, Gurken und Oliven.

Den Zitronensaft, das Olivenöl, den restlichen ½ Teelöffel Salz und den schwarzen Pfeffer vermischen.

Das Dressing gleichmäßig über die 4 Schüsseln verteilen. Sofort servieren oder abdecken und für später kühl stellen.

Ernährung (für 100g): 772 Kalorien 9g Fett 6g Protein 41g Kohlenhydrate 944mg Natrium

Wrap mit gegrilltem Gemüse und Hummus

Zubereitungszeit: 15 Minuten

Kochzeit : 10 Minuten

Portionen: 6

Schwierigkeitsgrad : Durchschnitt

Zutaten:

- 1 große Aubergine
- 1 große Zwiebel
- ½ Tasse natives Olivenöl extra
- 1 Teelöffel Salz
- 6 Lavash Wraps oder großes Fladenbrot
- 1 Tasse cremiger traditioneller Hummus

Richtungen:

Einen Grill, eine große Grillpfanne oder eine leicht geölte große Pfanne bei mittlerer Hitze vorheizen. Aubergine und Zwiebel in Kreise schneiden. Das Gemüse mit Olivenöl einfetten und mit Salz bestreuen.

Kochen Sie das Gemüse von beiden Seiten, etwa 3 bis 4 Minuten pro Seite. Um den Wrap zu machen, legen Sie die Lavash oder Pita flach. Etwa 2 Esslöffel Hummus auf den Wrap geben.

Verteilen Sie das Gemüse gleichmäßig auf die Wraps und legen Sie es entlang einer Seite des Wraps. Falten Sie vorsichtig die Seite des

Wraps mit dem Gemüse, stecken Sie es ein und machen Sie einen festen Wrap.

Die Wickelnaht mit der Seite nach unten legen und halbieren oder dritteln.

Du kannst jedes Sandwich auch in Plastikfolie einwickeln, damit es seine Form behält und es später essen kann.

Ernährung (für 100g): 362 Kalorien 10g Fett 28g Kohlenhydrate 15g Protein 736mg Natrium

Spanische grüne Bohnen

Zubereitungszeit: 10 Minuten

Kochzeit : 20 Minuten

Portionen: 4

Schwierigkeitsgrad: Leicht

Zutaten:

- ¼ Tasse natives Olivenöl extra
- 1 große Zwiebel, gehackt
- 4 Knoblauchzehen, fein gehackt
- 1 Pfund grüne Bohnen, frisch oder gefroren, getrimmt
- 1½ Teelöffel Salz, geteilt
- 1 (15-Unzen) Dose gewürfelte Tomaten
- ½ Teelöffel frisch gemahlener schwarzer Pfeffer

Richtungen:

Erwärmen Sie das Olivenöl, die Zwiebel und den Knoblauch; 1 Minute kochen. Schneiden Sie die grünen Bohnen in 2-Zoll-Stücke. Fügen Sie die grünen Bohnen und 1 Teelöffel Salz in den Topf und werfen Sie alles zusammen; 3 Minuten kochen. Fügen Sie die gewürfelten Tomaten, den restlichen ½ Teelöffel Salz und den schwarzen Pfeffer in den Topf hinzu; weitere 12 Minuten kochen lassen, dabei gelegentlich umrühren. Warm servieren.

Ernährung (für 100g): 200 Kalorien 12 g Fett 18 g Kohlenhydrate 4 g Protein 639 mg Natrium

Rustikales Blumenkohl-Karotten-Hasch

Zubereitungszeit: 10 Minuten

Kochzeit : 10 Minuten

Portionen: 4

Schwierigkeitsgrad: Leicht

Zutaten:

- 3 Esslöffel natives Olivenöl extra
- 1 große Zwiebel, gehackt
- 1 Esslöffel Knoblauch, gehackt
- 2 Tassen Karotten, gewürfelt
- 4 Tassen Blumenkohlstücke, gewaschen
- 1 Teelöffel Salz
- ½ Teelöffel gemahlener Kreuzkümmel

Richtungen:

Olivenöl, Zwiebel, Knoblauch und Karotten 3 Minuten kochen. Schneiden Sie den Blumenkohl in 1-Zoll- oder mundgerechte Stücke. Blumenkohl, Salz und Kreuzkümmel in die Pfanne geben und mit den Karotten und Zwiebeln vermischen.

Abdecken und 3 Minuten kochen. Das Gemüse dazugeben und weitere 3 bis 4 Minuten weitergaren. Warm servieren.

Ernährung (für 100g): 159 Kalorien 17 g Fett 15 g Kohlenhydrate 3 g Protein 569 mg Natrium

Gebratener Blumenkohl und Tomaten

Vorbereitungszeit: 5 Minuten

Kochzeit : 25 Minuten

Portionen: 4

Schwierigkeitsgrad : Durchschnitt

Zutaten:

- 4 Tassen Blumenkohl, in 1-Zoll-Stücke geschnitten
- 6 Esslöffel natives Olivenöl extra, geteilt
- 1 Teelöffel Salz, geteilt
- 4 Tassen Kirschtomaten
- ½ Teelöffel frisch gemahlener schwarzer Pfeffer
- ½ Tasse geriebener Parmesankäse

Richtungen:

Den Backofen auf 425 °C vorheizen. Blumenkohl, 3 Esslöffel Olivenöl und ½ Teelöffel Salz in eine große Schüssel geben und gleichmäßig verteilen. In einer gleichmäßigen Schicht auf ein Backblech legen.

In eine andere große Schüssel die Tomaten, die restlichen 3 Esslöffel Olivenöl und ½ Teelöffel Salz geben und gleichmäßig verteilen. Auf ein anderes Backblech gießen. Das Blumenkohlblatt und das Tomatenblatt 17 bis 20 Minuten im Ofen rösten, bis der Blumenkohl leicht gebräunt und die Tomaten prall sind.

Den Blumenkohl mit einem Spatel in eine Servierschüssel geben und mit Tomaten, schwarzem Pfeffer und Parmesan belegen. Warm servieren.

Ernährung (für 100g): 294 Kalorien 14 g Fett 13 g Kohlenhydrate 9 g Protein 493 mg Natrium

Gebratener Eichelkürbis

Zubereitungszeit: 10 Minuten

Kochzeit : 35 Minuten

Portionen: 6

Schwierigkeitsgrad : Durchschnitt

Zutaten:

- 2 Eichelkürbis, mittel bis groß
- 2 Esslöffel natives Olivenöl extra
- 1 TL Salz, plus mehr zum Würzen
- 5 Esslöffel ungesalzene Butter
- ¼ Tasse gehackte Salbeiblätter
- 2 Esslöffel frische Thymianblätter
- ½ Teelöffel frisch gemahlener schwarzer Pfeffer

Richtungen:

Den Backofen auf 400 °C vorheizen. Den Eichelkürbis der Länge nach halbieren. Kratzen Sie die Kerne aus und schneiden Sie sie waagerecht in Zoll dicke Scheiben. Den Kürbis in einer großen Schüssel mit Olivenöl beträufeln, mit Salz bestreuen und zum Überziehen vermengen.

Den Eichelkürbis flach auf ein Backblech legen. Auf das Backblech in den Ofen stellen und den Kürbis 20 Minuten backen. Kürbis mit einem Spatel umdrehen und weitere 15 Minuten backen.

Die Butter in einem mittelgroßen Topf bei mittlerer Hitze weich machen. Salbei und Thymian in die geschmolzene Butter geben und 30 Sekunden kochen lassen. Übertragen Sie die gekochten Kürbisscheiben auf einen Teller. Die Butter-Kräuter-Mischung über den Kürbis geben. Mit Salz und schwarzem Pfeffer würzen. Warm servieren.

Ernährung (für 100g): 188 Kalorien 13 g Fett 16 g Kohlenhydrate 1 g Protein 836 mg Natrium

Gebratener Knoblauchspinat

Vorbereitungszeit: 5 Minuten

Kochzeit : 10 Minuten

Portionen: 4

Schwierigkeitsgrad: Leicht

Zutaten:

- ¼ Tasse natives Olivenöl extra
- 1 große Zwiebel, in dünne Scheiben geschnitten
- 3 Zehen Knoblauch, gehackt
- 6 (1 Pfund) Beutel Babyspinat, gewaschen
- ½ Teelöffel Salz
- 1 Zitrone, in Spalten geschnitten

Richtungen:

Olivenöl, Zwiebel und Knoblauch in einer großen Pfanne 2 Minuten bei mittlerer Hitze anbraten. Fügen Sie eine Tüte Spinat und ½ Teelöffel Salz hinzu. Decken Sie die Pfanne ab und lassen Sie den Spinat 30 Sekunden lang welken. Wiederholen Sie den Vorgang (ohne das Salz) und fügen Sie jeweils 1 Beutel Spinat hinzu.

Wenn der gesamte Spinat hinzugefügt wurde, den Deckel entfernen und 3 Minuten kochen lassen, dabei etwas von der Feuchtigkeit verdunsten lassen. Warm mit Zitronenschale darüber servieren.

Ernährung (für 100g): 301 Kalorien 12 g Fett 29 g Kohlenhydrate 17 g Protein 639 mg Natrium

Gebratene Zucchini mit Knoblauch und Minze

Vorbereitungszeit: 5 Minuten

Kochzeit : 10 Minuten

Portionen: 4

Schwierigkeitsgrad: Leicht

Zutaten:

- 3 große grüne Zucchini
- 3 Esslöffel natives Olivenöl extra
- 1 große Zwiebel, gehackt
- 3 Zehen Knoblauch, gehackt
- 1 Teelöffel Salz
- 1 Teelöffel getrocknete Minze

Richtungen:

Schneiden Sie die Zucchini in ½-Zoll-Würfel. Olivenöl, Zwiebeln und Knoblauch 3 Minuten unter ständigem Rühren kochen.

Die Zucchini und das Salz in die Pfanne geben und mit den Zwiebeln und dem Knoblauch vermischen und 5 Minuten kochen lassen. Geben Sie die Minze in die Pfanne und werfen Sie sie zum Kombinieren. Weitere 2 Minuten kochen. Warm servieren.

Ernährung (für 100g): 147 Kalorien 16 g Fett 12 g Kohlenhydrate 4 g Protein 723 mg Natrium

Geschmorte Okra

Zubereitungszeit: 55 Minuten

Kochzeit : 25 Minuten

Portionen: 4

Schwierigkeitsgrad: Leicht

Zutaten:

- ¼ Tasse natives Olivenöl extra
- 1 große Zwiebel, gehackt
- 4 Knoblauchzehen, fein gehackt
- 1 Teelöffel Salz
- 1 Pfund frische oder gefrorene Okraschoten, gereinigt
- 1 (15-Unzen) Dose normale Tomatensauce
- 2 Tassen Wasser
- ½ Tasse frischer Koriander, fein gehackt
- ½ Teelöffel frisch gemahlener schwarzer Pfeffer

Richtungen:

Mischen und kochen Sie das Olivenöl, die Zwiebel, den Knoblauch und das Salz 1 Minute lang. Okraschoten einrühren und 3 Minuten kochen lassen.

Fügen Sie die Tomatensauce, das Wasser, den Koriander und den schwarzen Pfeffer hinzu; rühren, abdecken und 15 Minuten kochen lassen, dabei gelegentlich umrühren. Warm servieren.

Ernährung (für 100g): 201 Kalorien 6g Fett 18g Kohlenhydrate 4g Protein 693mg Natrium

Süße mit Gemüse gefüllte Paprika

Zubereitungszeit: 20 Minuten

Kochzeit : 30 Minuten

Portionen: 6

Schwierigkeitsgrad : Durchschnitt

Zutaten:

- 6 große Paprikaschoten, verschiedene Farben
- 3 Esslöffel natives Olivenöl extra
- 1 große Zwiebel, gehackt
- 3 Zehen Knoblauch, gehackt
- 1 Karotte, gehackt
- 1 (16-Unzen) Dose Kichererbsen, gespült und abgetropft
- 3 Tassen gekochter Reis
- 1½ Teelöffel Salz
- ½ Teelöffel frisch gemahlener schwarzer Pfeffer

Richtungen:

Heizen Sie den Ofen auf 350 ° F vor. Achten Sie darauf, Paprika zu wählen, die aufrecht stehen können. Schneiden Sie die Paprikakappe ab und entfernen Sie die Kerne, bewahren Sie die Kappe für später auf. Stellen Sie die Paprika in eine Auflaufform.

Olivenöl, Zwiebel, Knoblauch und Karotten 3 Minuten erwärmen. Die Kichererbsen unterrühren. Weitere 3 Minuten kochen. Vom Herd nehmen und die gekochten Zutaten in eine große Schüssel geben. Fügen Sie den Reis, Salz und Pfeffer hinzu; werfen, um zu kombinieren.

Jede Paprika nach oben stopfen und dann die Paprikakappen wieder aufsetzen. Die Auflaufform mit Alufolie verschließen und 25 Minuten backen. Folie herausziehen und weitere 5 Minuten backen. Warm servieren.

Ernährung (für 100g): 301 Kalorien 15 g Fett 50 g Kohlenhydrate 8 g Protein 803 mg Natrium

Moussaka Aubergine

Zubereitungszeit: 55 Minuten

Kochzeit : 40 Minuten

Portionen: 6

Schwierigkeitsgrad: Schwer D

Zutaten:

- 2 große Auberginen
- 2 Teelöffel Salz, geteilt
- Olivenöl Spray
- ¼ Tasse natives Olivenöl extra
- 2 große Zwiebeln, in Scheiben geschnitten
- 10 Knoblauchzehen, in Scheiben geschnitten
- 2 (15-Unzen) Dosen gewürfelte Tomaten
- 1 (16-Unzen) Dose Kichererbsen, gespült und abgetropft
- 1 Teelöffel getrockneter Oregano
- ½ Teelöffel frisch gemahlener schwarzer Pfeffer

Richtungen:

Schneiden Sie die Aubergine horizontal in ¼ Zoll dicke runde Scheiben. Die Auberginenscheiben mit 1 Teelöffel Salz bestreuen und 30 Minuten in ein Sieb legen.

Den Ofen auf 450 ° F vorheizen. Tupfen Sie die Auberginenscheiben mit einem Papiertuch trocken und besprühen

Sie jede Seite mit einem Olivenölspray oder bestreichen Sie jede Seite leicht mit Olivenöl.

Montieren Sie die Aubergine in einer einzigen Schicht auf einem Backblech. In den Ofen stellen und 10 Minuten backen. Dann mit einem Spatel die Scheiben umdrehen und weitere 10 Minuten backen.

Das Olivenöl, die Zwiebeln, den Knoblauch und den restlichen 1 Teelöffel Salz anbraten. Kochen Sie 5 Minuten unter Rühren selten. Tomaten, Kichererbsen, Oregano und schwarzen Pfeffer hinzufügen. 12 Minuten köcheln lassen, dabei unregelmäßig umrühren.

Beginnen Sie in einer tiefen Auflaufform mit der Schichtung, beginnend mit Auberginen, dann mit der Sauce. Wiederholen, bis alle Zutaten verwendet wurden. 20 Minuten im Ofen backen. Aus dem Ofen nehmen und warm servieren.

Ernährung (für 100g): 262 Kalorien 11 g Fett 35 g Kohlenhydrate 8 g Protein 723 mg Natrium

Mit Gemüse gefüllte Weinblätter

Zubereitungszeit: 50 Minuten

Kochzeit : 45 Minuten

Portionen: 8

Schwierigkeitsgrad : Durchschnitt

Zutaten:

- 2 Tassen weißer Reis, gespült
- 2 große Tomaten, fein gewürfelt
- 1 große Zwiebel, fein gehackt
- 1 Frühlingszwiebel, fein gehackt
- 1 Tasse frische italienische Petersilie, fein gehackt
- 3 Zehen Knoblauch, gehackt
- 2½ Teelöffel Salz
- ½ Teelöffel frisch gemahlener schwarzer Pfeffer
- 1 (16-Unzen) Glas Weinblätter
- 1 Tasse Zitronensaft
- ½ Tasse natives Olivenöl extra
- 4 bis 6 Tassen Wasser

Richtungen:

Kombinieren Sie Reis, Tomaten, Zwiebeln, Frühlingszwiebeln, Petersilie, Knoblauch, Salz und schwarzen Pfeffer. Die Weinblätter abgießen und abspülen. Bereiten Sie einen großen Topf vor, indem Sie eine Schicht Weinblätter auf den Boden legen. Legen Sie jedes Blatt flach und schneiden Sie alle Stiele ab.

2 Esslöffel der Reismischung auf den Boden jedes Blattes geben. Falten Sie die Seiten um und rollen Sie dann so fest wie möglich. Legen Sie die gerollten Weinblätter in den Topf und richten Sie jedes gerollte Weinblatt aus. Weiter die gerollten Weinblätter einschichten.

Gießen Sie den Zitronensaft und das Olivenöl vorsichtig über die Weinblätter und fügen Sie so viel Wasser hinzu, dass die Weinblätter 1 Zoll bedeckt sind. Einen schweren Teller, der kleiner als die Topföffnung ist, verkehrt herum über die Weinblätter legen. Decken Sie den Topf ab und kochen Sie die Blätter bei mittlerer Hitze 45 Minuten lang. Vor dem Servieren 20 Minuten stehen lassen. Warm oder kalt servieren.

Ernährung (für 100g): 532 Kalorien 15 g Fett 80 g Kohlenhydrate 12 g Protein 904 mg Natrium

Gegrillte Auberginenbrötchen

Zubereitungszeit: 30 Minuten

Kochzeit : 10 Minuten

Portionen: 6

Schwierigkeitsgrad : Durchschnitt

Zutaten:

- 2 große Auberginen
- 1 Teelöffel Salz
- 4 Unzen Ziegenkäse
- 1 Tasse Ricotta
- ¼ Tasse frisches Basilikum, fein gehackt
- ½ Teelöffel frisch gemahlener schwarzer Pfeffer
- Olivenöl Spray

Richtungen:

Schneiden Sie die Oberseiten der Auberginen ab und schneiden Sie die Auberginen der Länge nach in ¼ Zoll dicke Scheiben. Die Scheiben mit Salz bestreuen und die Auberginen für 15 bis 20 Minuten in ein Sieb legen.

Geiße den Ziegenkäse, Ricotta, Basilikum und Pfeffer. Einen Grill, eine Grillpfanne oder eine leicht geölte Pfanne bei mittlerer Hitze vorheizen. Die Auberginenscheiben trocken tupfen und leicht mit Olivenölspray besprühen. Legen Sie die Auberginen auf den Grill, die Grillpfanne oder die Pfanne und kochen Sie sie 3 Minuten auf jeder Seite.

Die Aubergine vom Herd nehmen und 5 Minuten abkühlen lassen. Zum Rollen eine Auberginenscheibe flach legen, einen Esslöffel der Käsemischung auf den Boden der Scheibe geben und aufrollen. Sofort servieren oder bis zum Servieren kalt stellen.

Ernährung (für 100g): 255 Kalorien 7 g Fett 19 g Kohlenhydrate 15 g Protein 793 mg Natrium

Knusprige Zucchini-Krapfen

Zubereitungszeit: 15 Minuten

Kochzeit : 20 Minuten

Portionen: 6

Schwierigkeitsgrad: Leicht

Zutaten:

- 2 große grüne Zucchini
- 2 EL italienische Petersilie, fein gehackt
- 3 Zehen Knoblauch, gehackt
- 1 Teelöffel Salz
- 1 Tasse Mehl
- 1 großes Ei, geschlagen
- ½ Tasse Wasser
- 1 Teelöffel Backpulver
- 3 Tassen Pflanzen- oder Avocadoöl

Richtungen:

Die Zucchini in eine große Schüssel reiben. Petersilie, Knoblauch, Salz, Mehl, Ei, Wasser und Backpulver in die Schüssel geben und verrühren. In einem großen Topf oder einer Fritteuse bei mittlerer Hitze das Öl auf 365°F erhitzen.

Lassen Sie den Krapfenteig löffelweise in das heiße Öl fallen. Die Krapfen mit einem Schaumlöffel umdrehen und ca. 2 bis 3 Minuten braten, bis sie goldbraun sind. Die Krapfen aus dem Öl abseihen und auf einen mit Küchenpapier ausgelegten Teller legen. Warm mit Creamy Tzatziki oder Creamy Traditional Hummus als Dip servieren.

Ernährung (für 100g): 446 Kalorien 2 g Fett 19 g Kohlenhydrate 5 g Protein 812 mg Natrium

Käsige Spinatpasteten

Zubereitungszeit: 20 Minuten

Kochzeit : 40 Minuten

Portionen: 8

Schwierigkeitsgrad: Schwer D

Zutaten:

- 2 Esslöffel natives Olivenöl extra
- 1 große Zwiebel, gehackt
- 2 Knoblauchzehen, gehackt
- 3 (1 Pfund) Beutel Babyspinat, gewaschen
- 1 Tasse Feta-Käse
- 1 großes Ei, geschlagen
- Blätterteigblätter

Richtungen:

Den Ofen auf 375°F vorheizen. Olivenöl, Zwiebel und Knoblauch 3 Minuten erwärmen. Geben Sie den Spinat nacheinander in die Pfanne und lassen Sie ihn zwischen den einzelnen Beuteln zusammenfallen. Mit einer Zange werfen. 4 Minuten kochen. Sobald der Spinat gekocht ist, schöpfen Sie überschüssige Flüssigkeit aus der Pfanne.

In einer großen Schüssel den Feta-Käse, das Ei und den gekochten Spinat mischen. Den Blätterteig flach auf eine Arbeitsplatte legen. Schneiden Sie den Teig in 3-Zoll-Quadrate. Einen Esslöffel der

Spinatmischung in die Mitte eines Blätterteig-Quadrats geben. Falte eine Ecke des Quadrats zur diagonalen Ecke und bilde ein Dreieck. Crimpen Sie die Ränder des Kuchens, indem Sie sie mit den Zinken einer Gabel nach unten drücken, um sie zu versiegeln. Wiederholen, bis alle Quadrate gefüllt sind.

Legen Sie die Pasteten auf ein mit Backpapier ausgelegtes Backblech und backen Sie sie 25 bis 30 Minuten lang oder bis sie goldbraun sind. Warm oder bei Zimmertemperatur servieren.

Ernährung (für 100g): 503 Kalorien 6 g Fett 38 g Kohlenhydrate 16 g Protein 836 mg Natrium

Gurken-Sandwich-Häppchen

Vorbereitungszeit: 5 Minuten

Kochzeit : 0 Minuten

Portionen: 12

Schwierigkeitsgrad: Leicht

Zutaten:

- 1 Gurke, in Scheiben geschnitten
- 8 Scheiben Vollkornbrot
- 2 EL Frischkäse, weich
- 1 Esslöffel Schnittlauch, gehackt
- ¼ Tasse Avocado, geschält, entkernt und püriert
- 1 Teelöffel Senf
- Salz und schwarzer Pfeffer nach Geschmack

Richtungen:

Die zerdrückte Avocado auf jeder Brotscheibe verteilen, auch die restlichen Zutaten außer den Gurkenscheiben verteilen.

Die Gurkenscheiben auf die Brotscheiben aufteilen, jede Scheibe dritteln, auf einer Platte anrichten und als Vorspeise servieren.

Ernährung (für 100g): 187 Kalorien 12,4 g Fett 4,5 g Kohlenhydrate 8,2 g Protein 736 mg Natrium

Joghurt-Dip

Zubereitungszeit: 10 Minuten

Kochzeit : 0 Minuten

Portionen: 6

Schwierigkeitsgrad: Leicht

Zutaten:

- 2 Tassen griechischer Joghurt
- 2 EL Pistazien, geröstet und gehackt
- Eine Prise Salz und weißer Pfeffer
- 2 Esslöffel Minze, gehackt
- 1 Esslöffel Kalamata-Oliven, entkernt und gehackt
- ¼ Tasse Zaatar-Gewürz
- ¼ Tasse Granatapfelkerne
- 1/3 Tasse Olivenöl

Richtungen:

Joghurt mit den Pistazien und den restlichen Zutaten verrühren, gut verquirlen, in kleine Tassen aufteilen und mit Pita-Chips an der Seite servieren.

Ernährung (für 100g): 294 Kalorien 18 g Fett 2 g Kohlenhydrate 10 g Protein 593 mg Natrium

Tomaten-Bruschetta

Zubereitungszeit: 10 Minuten

Kochzeit : 10 Minuten

Portionen: 6

Schwierigkeitsgrad: Leicht

Zutaten:

- 1 Baguette, in Scheiben geschnitten
- 1/3 Tasse Basilikum, gehackt
- 6 Tomaten, gewürfelt
- 2 Knoblauchzehen, gehackt
- Eine Prise Salz und schwarzer Pfeffer
- 1 Teelöffel Olivenöl
- 1 Esslöffel Balsamico-Essig
- ½ Teelöffel Knoblauchpulver
- Kochspray

Richtungen:

Die Baguettescheiben auf ein mit Backpapier ausgelegtes Backblech legen, mit Kochspray einfetten. 10 Minuten bei 400 Grad backen.

Tomaten mit Basilikum und den restlichen Zutaten mischen, gut vermengen und 10 Minuten ziehen lassen. Die Tomatenmischung auf jede Baguettescheibe verteilen, auf einer Platte anrichten und servieren.

Ernährung (für 100g): 162 Kalorien 4g Fett 29g Kohlenhydrate 4g Protein 736mg Natrium

Mit Oliven und Käse gefüllte Tomaten

Zubereitungszeit: 10 Minuten

Kochzeit : 0 Minuten

Portionen: 24

Schwierigkeitsgrad: Leicht

Zutaten:

- 24 Kirschtomaten, Oberseite abgeschnitten und Inneres herausgeschöpft
- 2 Esslöffel Olivenöl
- ¼ Teelöffel rote Paprikaflocken
- ½ Tasse Fetakäse, zerbröckelt
- 2 Esslöffel schwarze Olivenpaste
- ¼ Tasse Minze, zerrissen

Richtungen:

In einer Schüssel die Olivenpaste mit den restlichen Zutaten außer den Kirschtomaten mischen und gut verquirlen. Die Kirschtomaten mit dieser Mischung füllen, auf einer Platte anrichten und als Vorspeise servieren.

Ernährung (für 100g): 136 Kalorien 8,6 g Fett 5,6 g Kohlenhydrate 5,1 g Protein 648 mg Natrium

Pfeffertapenade

Zubereitungszeit: 10 Minuten

Kochzeit : 0 Minuten

Portionen: 4

Schwierigkeitsgrad: Leicht

Zutaten:

- 7 Unzen geröstete rote Paprika, gehackt
- ½ Tasse Parmesan, gerieben
- 1/3 Tasse Petersilie, gehackt
- 14 Unzen Artischocken in Dosen, abgetropft und gehackt
- 3 Esslöffel Olivenöl
- ¼ Tasse Kapern, abgetropft
- 1 und ½ Esslöffel Zitronensaft
- 2 Knoblauchzehen, gehackt

Richtungen:

In Ihrem Mixer die roten Paprikaschoten mit dem Parmesan und den restlichen Zutaten vermischen und gut pulsieren. In Tassen aufteilen und als Snack servieren.

Ernährung (für 100g): 200 Kalorien 5,6 g Fett 12,4 g Kohlenhydrate 4,6 g Protein 736 mg Natrium

Koriander Falafel

Zubereitungszeit: 10 Minuten

Kochzeit : 10 Minuten

Portionen: 8

Schwierigkeitsgrad: Leicht

Zutaten:

- 1 Tasse Kichererbsen aus der Dose
- 1 Bund Petersilienblätter
- 1 gelbe Zwiebel, gehackt
- 5 Knoblauchzehen, gehackt
- 1 Teelöffel Koriander, gemahlen
- Eine Prise Salz und schwarzer Pfeffer
- ¼ Teelöffel Cayennepfeffer
- ¼ Teelöffel Backpulver
- ¼ Teelöffel Kreuzkümmelpulver
- 1 Teelöffel Zitronensaft
- 3 Esslöffel Tapiokamehl
- Olivenöl zum Braten

Richtungen:

In Ihrer Küchenmaschine die Bohnen mit der Petersilie, Zwiebel und den restlichen Zutaten außer dem Öl und dem Mehl vermischen und gut pulsieren lassen. Masse in eine Schüssel umfüllen, Mehl dazugeben, gut verrühren, daraus 16 Kugeln formen und etwas flach drücken.

Pfanne bei mittlerer Hitze vorheizen, Falafel dazugeben, 5 Minuten auf beiden Seiten anbraten, in Küchenpapier legen, überschüssiges Fett abtropfen lassen, auf einer Platte anrichten und als Vorspeise servieren.

Ernährung (für 100g): 122 Kalorien 6,2 g Fett 12,3 g Kohlenhydrate 3,1 g Protein 699 mg Natrium

Hummus mit roter Paprika

Zubereitungszeit: 10 Minuten

Kochzeit : 0 Minuten

Portionen: 6

Schwierigkeitsgrad: Leicht

Zutaten:

- 6 Unzen geröstete rote Paprika, geschält und gehackt
- 16 Unzen Kichererbsen in Dosen, abgetropft und gespült
- ¼ Tasse griechischer Joghurt
- 3 Esslöffel Tahinipaste
- Saft von 1 Zitrone
- 3 Knoblauchzehen, gehackt
- 1 Esslöffel Olivenöl
- Eine Prise Salz und schwarzer Pfeffer
- 1 Esslöffel Petersilie, gehackt

Richtungen:

Mischen Sie in Ihrer Küchenmaschine die roten Paprikaschoten mit den restlichen Zutaten außer dem Öl und der Petersilie und pulsieren Sie gut. Öl hinzugeben, nochmals pulsieren, in Tassen aufteilen, Petersilie darüberstreuen und als Partyaufstrich servieren.

Ernährung (für 100g): 255 Kalorien 11,4 g Fett 17,4 g Kohlenhydrate 6,5 g Protein 593 mg Natrium

Weiße Bohnen-Dip

Zubereitungszeit: 10 Minuten

Kochzeit : 0 Minuten

Portionen: 4

Schwierigkeitsgrad: Leicht

Zutaten:

- 15 Unzen weiße Bohnen in Dosen, abgetropft und gespült
- 6 Unzen Dosenartischockenherzen, abgetropft und geviertelt
- 4 Knoblauchzehen, gehackt
- 1 Esslöffel Basilikum, gehackt
- 2 Esslöffel Olivenöl
- Saft von ½ Zitrone
- Schale von ½ Zitrone, gerieben
- Salz und schwarzer Pfeffer nach Geschmack

Richtungen:

Kombinieren Sie in Ihrer Küchenmaschine die Bohnen mit den Artischocken und den restlichen Zutaten außer dem Öl und pulsieren Sie gut. Das Öl nach und nach hinzufügen, die Mischung erneut pulsieren, in Tassen aufteilen und als Party-Dip servieren.

Ernährung (für 100g): 27 Kalorien 11,7 g Fett 18,5 g Kohlenhydrate 16,5 g Protein 668 mg Natrium

Hummus mit gemahlenem Lamm

Zubereitungszeit: 10 Minuten

Kochzeit : 15 Minuten

Portionen: 8

Schwierigkeitsgrad: Leicht

Zutaten:

- 10 Unzen Hummus
- 12 Unzen Lammfleisch, gemahlen
- ½ Tasse Granatapfelkerne
- ¼ Tasse Petersilie, gehackt
- 1 Esslöffel Olivenöl
- Pita-Chips zum Servieren

Richtungen:

Die Pfanne bei mittlerer bis hoher Hitze vorheizen, das Fleisch anbraten und 15 Minuten anbraten, dabei oft umrühren. Den Hummus auf einer Platte verteilen, das Lammhack darauf verteilen, die Granatapfelkerne und die Petersilie ebenfalls verteilen und mit Pita-Chips als Snack servieren.

Ernährung (für 100g): 133 Kalorien 9,7 g Fett 6,4 g Kohlenhydrate 5,4 g Protein 659 mg Natrium

Auberginen-Dip

Zubereitungszeit: 10 Minuten

Kochzeit : 40 Minuten

Portionen: 4

Schwierigkeitsgrad: Leicht

Zutaten:

- 1 Aubergine, mit einer Gabel gestochen
- 2 Esslöffel Tahinipaste
- 2 Esslöffel Zitronensaft
- 2 Knoblauchzehen, gehackt
- 1 Esslöffel Olivenöl
- Salz und schwarzer Pfeffer nach Geschmack
- 1 Esslöffel Petersilie, gehackt

Richtungen:

Legen Sie die Aubergine in eine Bratpfanne, backen Sie sie 40 Minuten lang bei 400 Grad F, kühlen Sie sie ab, schälen Sie sie und geben Sie sie in Ihre Küchenmaschine. Die restlichen Zutaten bis auf die Petersilie pürieren, gut pulsieren, in kleine Schüsseln verteilen und als Vorspeise mit der Petersilie bestreut servieren.

Ernährung (für 100g): 121 Kalorien 4,3 g Fett 1,4 g Kohlenhydrate 4,3 g Protein 639 mg Natrium

Gemüsekrapfen

Zubereitungszeit: 10 Minuten

Kochzeit : 10 Minuten

Portionen: 8

Schwierigkeitsgrad: Leicht

Zutaten:

- 2 Knoblauchzehen, gehackt
- 2 gelbe Zwiebeln, gehackt
- 4 Frühlingszwiebeln, gehackt
- 2 Karotten, gerieben
- 2 Teelöffel Kreuzkümmel, gemahlen
- ½ Teelöffel Kurkumapulver
- Salz und schwarzer Pfeffer nach Geschmack
- ¼ Teelöffel Koriander, gemahlen
- 2 Esslöffel Petersilie, gehackt
- ¼ Teelöffel Zitronensaft
- ½ Tasse Mandelmehl
- 2 Rüben, geschält und gerieben
- 2 Eier, verquirlt
- ¼ Tasse Tapiokamehl
- 3 Esslöffel Olivenöl

Richtungen:

In einer Schüssel den Knoblauch mit den Zwiebeln,
Frühlingszwiebeln und den restlichen Zutaten außer dem Öl

mischen, gut umrühren und aus dieser Mischung mittelgroße Krapfen formen.

Pfanne bei mittlerer Hitze vorheizen, Krapfen hineinlegen, von jeder Seite 5 Minuten braten, auf einer Platte anrichten und servieren.

Ernährung (für 100g): 209 Kalorien 11,2 g Fett 4,4 g Kohlenhydrate 4,8 g Protein 726 mg Natrium

Bulgur Lammfleischbällchen

Zubereitungszeit: 10 Minuten

Kochzeit : 15 Minuten

Portionen: 6

Schwierigkeitsgrad: Leicht

Zutaten:

- 1 und ½ Tassen griechischer Joghurt
- ½ Teelöffel Kreuzkümmel, gemahlen
- 1 Tasse Gurke, zerkleinert
- ½ Teelöffel Knoblauch, gehackt
- Eine Prise Salz und schwarzer Pfeffer
- 1 Tasse Bulgur
- 2 Tassen Wasser
- 1 Pfund Lamm, gemahlen
- ¼ Tasse Petersilie, gehackt
- ¼ Tasse Schalotten, gehackt
- ½ Teelöffel Piment, gemahlen
- ½ Teelöffel Zimtpulver
- 1 Esslöffel Olivenöl

Richtungen:

Bulgur mit Wasser mischen, Schüssel abdecken, 10 Minuten ziehen lassen, abgießen und in eine Schüssel umfüllen. Das Fleisch, den Joghurt und die restlichen Zutaten außer dem Öl dazugeben, gut umrühren und daraus mittelgroße Frikadellen formen. Die Pfanne bei mittlerer Hitze vorheizen, die Frikadellen darauf legen, auf jeder Seite 7 Minuten garen, alles auf einer Platte anrichten und als Vorspeise servieren.

Ernährung (für 100g): 300 Kalorien 9,6 g Fett 22,6 g Kohlenhydrate 6,6 g Protein 644 mg Natrium

Gurkenbissen

Zubereitungszeit: 10 Minuten

Kochzeit : 0 Minuten

Portionen: 12

Schwierigkeitsgrad: Leicht

Zutaten:

- 1 englische Gurke, in 32 Runden geschnitten
- 10 Unzen Hummus
- 16 Kirschtomaten, halbiert
- 1 Esslöffel Petersilie, gehackt
- 1 Unze Feta-Käse, zerbröckelt

Richtungen:

Jede Gurkenrunde mit Hummus bestreichen, jeweils die Tomatenhälften teilen, Käse und Petersilie darüberstreuen und als Vorspeise servieren.

Ernährung (für 100g): 162 Kalorien 3,4 g Fett 6,4 g Kohlenhydrate 2,4 g Protein 702 mg Natrium

Gefüllte Avocado

Zubereitungszeit: 10 Minuten

Kochzeit : 0 Minuten

Portionen: 2

Schwierigkeitsgrad: Leicht

Zutaten:

- 1 Avocado, halbiert und entkernt
- 10 Unzen Thunfisch in Dosen, abgetropft drain
- 2 Esslöffel getrocknete Tomaten, gehackt
- 1 und ½ Esslöffel Basilikumpesto
- 2 Esslöffel schwarze Oliven, entkernt und gehackt
- Salz und schwarzer Pfeffer nach Geschmack
- 2 Teelöffel Pinienkerne, geröstet und gehackt
- 1 Esslöffel Basilikum, gehackt

Richtungen:

Den Thunfisch mit den sonnengetrockneten Tomaten und den restlichen Zutaten außer der Avocado vermischen und umrühren. Die Avocadohälften mit der Thunfischmischung füllen und als Vorspeise servieren.

Ernährung (für 100g): 233 Kalorien 9g Fett 11,4g Kohlenhydrate 5,6g Protein 735mg Natrium

Eingewickelte Pflaumen

Vorbereitungszeit: 5 Minuten

Kochzeit : 0 Minuten

Portionen: 8

Schwierigkeitsgrad: Leicht

Zutaten:

- 2 Unzen Schinken, in 16 Stücke geschnitten cut
- 4 Pflaumen, geviertelt
- 1 Esslöffel Schnittlauch, gehackt
- Eine Prise Paprikaflocken, zerdrückt

Richtungen:

Jedes Pflaumenviertel in eine Prosciutto-Scheibe wickeln, auf einer Platte anrichten, Schnittlauch und Pfefferflocken darüberstreuen und servieren.

Ernährung (für 100g): 30 Kalorien 1g Fett 4g Kohlenhydrate 2g Protein 439mg Natrium

Marinierter Feta und Artischocken

Vorbereitungszeit : 10 Minuten plus 4 Stunden Inaktivitätszeit

Kochzeit : 10 Minuten.

Portionen: 2

Schwierigkeitsgrad: Leicht

Zutaten:

- 4 Unzen traditioneller griechischer Feta, in ½-Zoll-Würfel geschnitten
- 4 Unzen abgetropfte Artischockenherzen, längs geviertelt
- 1/3 Tasse natives Olivenöl extra
- Schale und Saft von 1 Zitrone
- 2 Esslöffel grob gehackter frischer Rosmarin
- 2 Esslöffel grob gehackte frische Petersilie
- ½ Teelöffel schwarze Pfefferkörner

Richtungen:

In einer Glasschüssel die Feta- und Artischockenherzen vermischen. Fügen Sie Olivenöl, Zitronenschale und -saft, Rosmarin, Petersilie und Pfefferkörner hinzu und werfen Sie es vorsichtig um, damit der Feta nicht zerbröckelt.

4 Stunden oder bis zu 4 Tage kühlen. 30 Minuten vor dem Servieren aus dem Kühlschrank nehmen.

Ernährung (für 100g): 235 Kalorien 23 g Fett 1 g Kohlenhydrate 4 g Protein 714 mg Natrium

Thunfischkroketten

Vorbereitungszeit : 40 Minuten plus Stunden bis über Nacht zum Chillen

Kochzeit : 25 Minuten

Portionen: 36

Schwierigkeitsgrad: Schwer D

Zutaten:

- 6 Esslöffel natives Olivenöl extra plus 1 bis 2 Tassen cup
- 5 Esslöffel Mandelmehl, plus 1 Tasse, geteilt
- 1¼ Tassen Sahne
- 1 (4-Unzen) Dose mit Olivenöl gefüllter Gelbflossen-Thunfisch
- 1 Esslöffel gehackte rote Zwiebel
- 2 Teelöffel gehackte Kapern
- ½ Teelöffel getrockneter Dill
- ¼ Teelöffel frisch gemahlener schwarzer Pfeffer
- 2 große Eier
- 1 Tasse Panko-Semmelbrösel (oder eine glutenfreie Version)

Richtungen:

In einer großen Pfanne 6 EL Olivenöl bei mittlerer Hitze erwärmen. 5 Esslöffel Mandelmehl hinzufügen und unter ständigem Rühren kochen, bis sich eine glatte Paste bildet und das Mehl 2 bis 3 Minuten leicht gebräunt ist.

Wählen Sie die Hitze auf mittlere bis hohe und rühren Sie nach und nach die Sahne unter ständigem Rühren, bis sie vollständig glatt und verdickt ist, weitere 4 bis 5 Minuten. Herausnehmen und den Thunfisch, die rote Zwiebel, die Kapern, den Dill und den Pfeffer hinzufügen.

Übertragen Sie die Mischung in eine 8-Zoll-Quadrat-Auflaufform, die gut mit Olivenöl beschichtet ist, und stellen Sie sie bei Raumtemperatur beiseite. Einwickeln und 4 Stunden oder bis über Nacht abkühlen lassen. Um die Kroketten zu formen, stellen Sie drei Schüsseln bereit. In einem schlagen Sie die Eier zusammen. In einem anderen das restliche Mandelmehl hinzufügen. Im dritten das Panko hinzufügen. Ein Backblech mit Pergamentpapier auslegen.

Etwa einen Esslöffel kalt zubereiteten Teig in die Mehlmischung geben und zum Bestreichen rollen. Überschüssiges abschütteln und mit den Händen zu einem Oval rollen.

Die Krokette in das geschlagene Ei tauchen, dann leicht mit Panko bestreichen. Auf ein mit Backpapier ausgelegtes Backblech legen und mit dem restlichen Teig wiederholen.

In einem kleinen Topf die restlichen 1 bis 2 Tassen Olivenöl bei mittlerer Hitze erwärmen.

Sobald das Öl erhitzt ist, braten Sie die Kroketten 3 oder 4 gleichzeitig, je nach Größe Ihrer Pfanne, und entfernen Sie sie mit einem Schaumlöffel, wenn sie goldbraun sind. Sie müssen die

Temperatur des Öls gelegentlich anpassen, um ein Anbrennen zu vermeiden. Wenn die Kroketten sehr schnell dunkelbraun werden, senken Sie die Temperatur.

Ernährung (für 100g): 245 Kalorien 22 g Fett 1 g Kohlenhydrate 6 g Protein 801 mg Natrium

Rohkost mit geräuchertem Lachs

Zubereitungszeit: 10 Minuten

Kochzeit : 15 Minuten

Portionen: 4

Schwierigkeitsgrad: Leicht

Zutaten:

- 6 Unzen geräucherter Wildlachs
- 2 Esslöffel geröstete Knoblauch-Aioli
- 1 Esslöffel Dijon-Senf
- 1 Esslöffel gehackte Frühlingszwiebeln, nur grüne Teile
- 2 Teelöffel gehackte Kapern
- ½ Teelöffel getrockneter Dill
- 4 Endivienspeere oder Römerherzen
- ½ englische Gurke, in ¼ Zoll dicke Runden geschnitten

Richtungen:

Den Räucherlachs grob schneiden und in eine kleine Schüssel geben. Aioli, Dijon, Frühlingszwiebeln, Kapern und Dill dazugeben und gut vermischen. Endivienstangen und Gurkenrunden mit einem Löffel Räucherlachsmischung belegen und gekühlt genießen.

Ernährung (für 100g): 92 Kalorien 5g Fett 1g Kohlenhydrate 9g Protein 714mg Natrium

Zitrusmarinierte Oliven

Vorbereitungszeit: 4 Stunden

Kochzeit : 0 Minuten

Portionen: 2

Schwierigkeitsgrad: Leicht

Zutaten:

- 2 Tassen gemischte grüne Oliven mit Kernen
- ¼ Tasse Rotweinessig
- ¼ Tasse natives Olivenöl extra
- 4 Knoblauchzehen, fein gehackt
- Schale und Saft von 1 großen Orange
- 1 Teelöffel rote Paprikaflocken
- 2 Lorbeerblätter
- ½ Teelöffel gemahlener Kreuzkümmel
- ½ Teelöffel gemahlener Piment

Richtungen:

Oliven, Essig, Öl, Knoblauch, Orangenschale und -saft, Paprikaflocken, Lorbeerblätter, Kreuzkümmel und Piment einarbeiten und gut vermischen. Verschließen und für 4 Stunden oder bis zu einer Woche kalt stellen, damit die Oliven marinieren können. Vor dem Servieren noch einmal wenden.

Ernährung (für 100g): 133 Kalorien 14 g Fett 2 g Kohlenhydrate 1 g Protein 714 mg Natrium

Oliventapenade mit Sardellen

Vorbereitungszeit : 1 Stunde und 10 Minuten

Kochzeit : 0 Minuten

Portionen: 2

Schwierigkeitsgrad : Durchschnitt

Zutaten:

- 2 Tassen entsteinte Kalamata-Oliven oder andere schwarze Oliven
- 2 Sardellenfilets, gehackt
- 2 Teelöffel gehackte Kapern
- 1 Knoblauchzehe, fein gehackt
- 1 gekochtes Eigelb
- 1 Teelöffel Dijon-Senf
- ¼ Tasse natives Olivenöl extra
- Seedy Crackers, vielseitiges Sandwich Round oder Gemüse zum Servieren (optional)

Richtungen:

Die Oliven kalt abspülen und gut abtropfen lassen. Die abgetropften Oliven, Sardellen, Kapern, Knoblauch, Eigelb und Dijon in eine Küchenmaschine, einen Mixer oder ein großes Glas (bei Verwendung eines Stabmixers) geben. Verarbeiten, bis eine dicke Paste entsteht. Während des Laufens nach und nach das Olivenöl einfließen lassen.

In eine kleine Schüssel geben, abdecken und mindestens 1 Stunde kühl stellen, damit sich die Aromen entfalten können. Servieren Sie mit Seedy Crackers, auf einem vielseitigen Sandwich Round oder mit Ihrem Lieblings-Knuspergemüse.

Ernährung (für 100g): 179 Kalorien 19g Fett 2g Kohlenhydrate 2g Protein 82mg Natrium

Griechische Teufelseier

Vorbereitungszeit: 45 Minuten

Kochzeit : 15 Minuten

Portionen: 4

Schwierigkeitsgrad: Leicht

Zutaten:

- 4 große hartgekochte Eier
- 2 Esslöffel geröstete Knoblauch-Aioli
- ½ Tasse fein zerbröckelter Feta-Käse
- 8 entkernte Kalamata-Oliven, fein gehackt
- 2 EL gehackte sonnengetrocknete Tomaten
- 1 Esslöffel gehackte rote Zwiebel
- ½ Teelöffel getrockneter Dill
- ¼ Teelöffel frisch gemahlener schwarzer Pfeffer

Richtungen:

Die hartgekochten Eier der Länge nach halbieren, das Eigelb entfernen und das Eigelb in eine mittelgroße Schüssel geben. Die Eiweißhälften aufbewahren und beiseite stellen. Das Eigelb mit einer Gabel gut zerdrücken. Aioli, Feta, Oliven, sonnengetrocknete Tomaten, Zwiebeln, Dill und Pfeffer hinzugeben und zu einer glatten und cremigen Masse verrühren.

Die Füllung in jede Eiweißhälfte geben und 30 Minuten oder bis zu 24 Stunden abgedeckt kalt stellen.

Ernährung (für 100g): 147 Kalorien 11 g Fett 6 g Kohlenhydrate 9 g Protein 736 mg Natrium

Manchego-Cracker

Vorbereitungszeit : 1 Stunde und 15 Minuten

Kochzeit : 15 Minuten

Portionen: 20

Schwierigkeitsgrad: Schwer D

Zutaten:

- 4 EL Butter, Zimmertemperatur at
- 1 Tasse fein geriebener Manchego-Käse
- 1 Tasse Mandelmehl
- 1 Teelöffel Salz, geteilt
- ¼ Teelöffel frisch gemahlener schwarzer Pfeffer
- 1 großes Ei

Richtungen:

Mit einem elektrischen Mixer die Butter und den geriebenen Käse vermischen, bis alles gut vermischt und glatt ist. Das Mandelmehl mit ½ Teelöffel Salz und Pfeffer einarbeiten. Die Mandelmehl-Mischung nach und nach zum Käse geben und ständig mischen, bis der Teig gerade eine Kugel bildet.

Legen Sie ein Stück Pergament oder Plastikfolie hin und rollen Sie es zu einem etwa 1½ Zoll dicken Zylinderklotz. Fest verschließen und dann mindestens 1 Stunde einfrieren. Heizen Sie den Ofen auf 350 ° F vor. Pergamentpapier oder Silikonbackmatten auf 2 Backbleche legen.

Um das Ei zu waschen, verquirlen Sie das Ei und den restlichen ½ Teelöffel Salz. Schneiden Sie den gekühlten Teig in kleine, etwa ¼ Zoll dicke Ringe und legen Sie sie auf die mit Backpapier ausgelegten Backbleche.

Die Oberseite der Cracker mit Eiern waschen und backen, bis die Cracker goldbraun und knusprig sind. Auf einem Kuchengitter auskühlen lassen.

Warm servieren oder nach dem vollständigen Abkühlen in einem luftdichten Behälter bis zu 1 Woche im Kühlschrank aufbewahren.

Ernährung (für 100g): 243 Kalorien 23 g Fett 1 g Kohlenhydrate 8 g Protein 804 mg Natrium

Burrata Caprese Stapel

Vorbereitungszeit: 5 Minuten

Kochzeit : 0 Minuten

Portionen: 4

Schwierigkeitsgrad: Leicht

Zutaten:

- 1 große Bio-Tomate, vorzugsweise Erbstück
- ½ Teelöffel Salz
- ¼ Teelöffel frisch gemahlener schwarzer Pfeffer
- 1 (4-Unzen) Kugel Burrata-Käse
- 8 frische Basilikumblätter, in dünne Scheiben geschnitten
- 2 Esslöffel natives Olivenöl extra
- 1 EL Rotwein oder Balsamico-Essig

Richtungen:

Die Tomate in 4 dicke Scheiben schneiden, den harten Kern entfernen und mit Salz und Pfeffer bestreuen. Die Tomaten mit der gewürzten Seite nach oben auf einen Teller legen. Auf einem separaten Teller mit Rand die Burrata in 4 dicke Scheiben schneiden und auf jede Tomatenscheibe eine Scheibe legen. Jeweils mit einem Viertel Basilikum belegen und die übrige Burrata-Creme vom Teller mit Rand darübergießen.

Mit Olivenöl und Essig beträufeln und mit Gabel und Messer servieren.

Ernährung (für 100g): 153 Kalorien 13 g Fett 1 g Kohlenhydrate 7 g Protein 633 mg Natrium

Zucchini-Ricotta-Krapfen mit Zitronen-Knoblauch-Aioli

Vorbereitungszeit : 10 Minuten, plus 20 Minuten Ruhezeit

Kochzeit : 25 Minuten

Portionen: 4

Schwierigkeitsgrad: Schwer D

Zutaten:

- 1 große oder 2 kleine/mittlere Zucchini
- 1 Teelöffel Salz, geteilt
- ½ Tasse Vollmilch-Ricotta-Käse
- 2 Frühlingszwiebeln
- 1 großes Ei
- 2 Knoblauchzehen, fein gehackt
- 2 Esslöffel gehackte frische Minze (optional)
- 2 Teelöffel abgeriebene Zitronenschale
- ¼ Teelöffel frisch gemahlener schwarzer Pfeffer
- ½ Tasse Mandelmehl
- 1 Teelöffel Backpulver
- 8 Esslöffel natives Olivenöl extra
- 8 EL geröstete Knoblauch-Aioli oder Avocadoöl-Mayonnaise

Richtungen:

Legen Sie die zerkleinerte Zucchini in ein Sieb oder auf mehrere Lagen Küchenpapier. Mit ½ Teelöffel Salz bestreuen und 10

Minuten ruhen lassen. Drücken Sie die Zucchini mit einer weiteren Lage Papiertuch nach unten, um überschüssige Feuchtigkeit abzugeben, und tupfen Sie sie trocken. Die abgetropften Zucchini, Ricotta, Frühlingszwiebeln, Ei, Knoblauch, Minze (falls verwendet), Zitronenschale, den restlichen ½ Teelöffel Salz und Pfeffer hinzufügen.

Mandelmehl und Backpulver vermischen. Die Mehlmischung unter die Zucchinimasse heben und 10 Minuten ruhen lassen. In einer großen Pfanne in vier Portionen die Krapfen braten. Für jede Charge von vier 2 Esslöffel Olivenöl bei mittlerer Hitze erhitzen. Fügen Sie 1 gehäuften Esslöffel Zucchini-Teig pro Krapfen hinzu und drücken Sie ihn mit der Rückseite eines Löffels nach unten, um 2 bis 3-Zoll-Krapfen zu bilden. Abdecken und 2 Minuten braten, bevor Sie es wenden. Braten Sie weitere 2 bis 3 Minuten zugedeckt oder bis sie knusprig und golden und durchgegart sind. Möglicherweise müssen Sie die Hitze auf mittlere Stufe reduzieren, um ein Anbrennen zu vermeiden. Aus der Pfanne nehmen und warm halten.

Wiederholen Sie dies für die restlichen drei Chargen und verwenden Sie für jede Charge 2 Esslöffel Olivenöl. Krapfen warm mit Aioli servieren.

Ernährung (für 100g): 448 Kalorien 42 g Fett 2 g Kohlenhydrate 8 g Protein 744 mg Natrium

Mit Lachs gefüllte Gurken

Zubereitungszeit: 10 Minuten

Kochzeit : 0 Minuten

Portionen: 4

Schwierigkeitsgrad: Leicht

Zutaten:

- 2 große Gurken, geschält
- 1 (4-Unzen) Dose roter Lachs
- 1 mittelgroße sehr reife Avocado
- 1 Esslöffel natives Olivenöl extra
- Schale und Saft von 1 Limette
- 3 Esslöffel gehackter frischer Koriander
- ½ Teelöffel Salz
- ¼ Teelöffel frisch gemahlener schwarzer Pfeffer

Richtungen:

Schneiden Sie die Gurke in 1 Zoll dicke Segmente und kratzen Sie mit einem Löffel die Kerne aus der Mitte jedes Segments und stellen Sie sie auf einen Teller. In einer mittelgroßen Schüssel Lachs, Avocado, Olivenöl, Limettenschale und -saft, Koriander, Salz und Pfeffer mischen und cremig rühren.

Die Lachsmischung in die Mitte jedes Gurkensegments geben und gekühlt servieren.

Ernährung (für 100g): 159 Kalorien 11g Fett 3g Kohlenhydrate 9g Protein 739mg Natrium

Ziegenkäse-Makrelenpastete

Zubereitungszeit: 10 Minuten

Kochzeit : 0 Minuten

Portionen: 4

Schwierigkeitsgrad: Leicht

Zutaten:

- 4 Unzen Olivenöl-verpackte wild gefangene Makrelen
- 2 Unzen Ziegenkäse
- Schale und Saft von 1 Zitrone
- 2 Esslöffel gehackte frische Petersilie
- 2 EL gehackter frischer Rucola
- 1 Esslöffel natives Olivenöl extra
- 2 Teelöffel gehackte Kapern
- 1 bis 2 Teelöffel frischer Meerrettich (optional)
- Cracker, Gurkenrunden, Endivienstangen oder Sellerie zum Servieren (optional)

Richtungen:

In einer Küchenmaschine, einem Mixer oder einer großen Schüssel mit Stabmixer Makrele, Ziegenkäse, Zitronenschale und -saft, Petersilie, Rucola, Olivenöl, Kapern und Meerrettich (falls verwendet) vermischen. Verarbeiten oder mixen, bis sie glatt und cremig sind.

Mit Crackern, Gurkenrunden, Endivienstangen oder Sellerie servieren. Zugedeckt im Kühlschrank bis zu 1 Woche verschließen.

Ernährung (für 100g): 118 Kalorien 8g Fett 6g Kohlenhydrate 9g Protein 639mg Natrium

Geschmack der mediterranen Fettbomben

Vorbereitungszeit : 4 Stunden und 15 Minuten

Kochzeit : 0 Minuten

Portionen: 6

Schwierigkeitsgrad : Durchschnitt

Zutaten:

- 1 Tasse zerbröckelter Ziegenkäse
- 4 Esslöffel Pesto im Glas
- 12 entkernte Kalamata-Oliven, fein gehackt
- ½ Tasse fein gehackte Walnüsse
- 1 EL gehackter frischer Rosmarin

Richtungen:

In einer mittelgroßen Schüssel Ziegenkäse, Pesto und Oliven geißeln und mit einer Gabel gut vermischen. 4 Stunden einfrieren, um hart zu werden.

Mit den Händen die Mischung zu 6 Kugeln mit einem Durchmesser von etwa Zoll formen. Die Mischung wird klebrig.

Die Walnüsse und den Rosmarin in eine kleine Schüssel geben und die Ziegenkäsebällchen in der Nussmischung zum Bestreichen rollen. Lagern Sie die Fettbomben bis zu 1 Woche im Kühlschrank oder bis zu 1 Monat im Gefrierfach.

Ernährung (für 100g): 166 Kalorien 15g Fett 1g Kohlenhydrate 5g Protein 736mg Natrium

Avocado-Gazpacho

Zubereitungszeit: 15 Minuten

Kochzeit : 10 Minuten

Portionen: 4

Schwierigkeitsgrad: Leicht

Zutaten:

- 2 Tassen gehackte Tomaten
- 2 große reife Avocados, halbiert und entkernt
- 1 große Gurke, geschält und entkernt
- 1 mittelgroße Paprika (rot, orange oder gelb), gehackt
- 1 Tasse griechischer Vollmilchjoghurt
- ¼ Tasse natives Olivenöl extra
- ¼ Tasse gehackter frischer Koriander
- ¼ Tasse gehackte Frühlingszwiebeln, nur der grüne Teil
- 2 Esslöffel Rotweinessig
- Saft von 2 Limetten oder 1 Zitrone
- ½ bis 1 Teelöffel Salz
- ¼ Teelöffel frisch gemahlener schwarzer Pfeffer

Richtungen:

Tomaten, Avocados, Gurken, Paprika, Joghurt, Olivenöl, Koriander, Frühlingszwiebeln, Essig und Limettensaft mit einem Stabmixer vermischen. Mixen, bis es glatt ist.

Würzen und mischen, um die Aromen zu kombinieren. Kalt servieren.

Ernährung (für 100g): 392 Kalorien 32 g Fett 9 g Kohlenhydrate 6 g Protein 694 mg Natrium

Krabbenkuchen Salatbecher

Vorbereitungszeit: 35 Minuten

Kochzeit : 20 Minuten

Portionen: 4

Schwierigkeitsgrad : Durchschnitt

Zutaten:

- 1 Pfund Jumbo-Klumpenkrabbe
- 1 großes Ei
- 6 EL geröstete Knoblauch-Aioli
- 2 Esslöffel Dijon-Senf
- ½ Tasse Mandelmehl
- ¼ Tasse gehackte rote Zwiebel
- 2 Teelöffel geräucherter Paprika
- 1 Teelöffel Selleriesalz
- 1 Teelöffel Knoblauchpulver
- 1 Teelöffel getrockneter Dill (optional)
- ½ Teelöffel frisch gemahlener schwarzer Pfeffer
- ¼ Tasse natives Olivenöl extra
- 4 große Bibb-Salatblätter, dicker Rücken entfernt

Richtungen:

Legen Sie das Krabbenfleisch in eine große Schüssel und entfernen Sie alle sichtbaren Schalen, dann brechen Sie das Fleisch mit einer Gabel auseinander. In einer kleinen Schüssel das Ei, 2 Esslöffel Aioli und Dijon-Senf zusammenschlagen. Zum Krabbenfleisch geben und mit einer Gabel vermengen. Mandelmehl, rote Zwiebel, Paprika, Selleriesalz, Knoblauchpulver, Dill (falls verwendet) und Pfeffer hinzufügen und gut vermischen. 10 bis 15 Minuten bei Zimmertemperatur ruhen lassen.

8 kleine Kuchen mit einem Durchmesser von etwa 2 cm formen. Das Olivenöl bei mittlerer Hitze kochen. Frittieren Sie die Kuchen, bis sie gebräunt sind, 2 bis 3 Minuten pro Seite. Wickeln Sie, reduzieren Sie die Hitze auf niedrig und kochen Sie weitere 6 bis 8 Minuten oder bis sie in der Mitte fest werden. Aus der Pfanne nehmen.

Zum Servieren 2 kleine Krabbenkuchen in jedes Salatblatt wickeln und mit 1 Esslöffel Aioli belegen.

Ernährung (für 100g): 344 Kalorien 24 g Fett 2 g Kohlenhydrate 24 g Protein 804 mg Natrium

Orangen-Estragon Chicken Salad Wrap

Zubereitungszeit: 15 Minuten

Kochzeit : 0 Minuten

Portionen: 4

Schwierigkeitsgrad: Leicht

Zutaten:

- ½ Tasse griechischer Vollmilchjoghurt
- 2 Esslöffel Dijon-Senf
- 2 Esslöffel natives Olivenöl extra
- 2 Esslöffel frischer Estragon
- ½ Teelöffel Salz
- ¼ Teelöffel frisch gemahlener schwarzer Pfeffer
- 2 Tassen gekochtes Hähnchenschnitzel
- ½ Tasse gehobelte Mandeln
- 4 bis 8 große Bibb-Salatblätter, harter Stiel entfernt
- 2 kleine reife Avocados, geschält und in dünne Scheiben geschnitten
- Schale von 1 Clementine oder ½ kleine Orange (ca. 1 Esslöffel)

Richtungen:

In einer mittelgroßen Schüssel Joghurt, Senf, Olivenöl, Estragon, Orangenschale, Salz und Pfeffer mischen und cremig schlagen. Fügen Sie das zerkleinerte Hühnchen und die Mandeln hinzu und rühren Sie es um.

Um die Wraps zusammenzusetzen, geben Sie etwa ½ Tasse Hühnersalatmischung in die Mitte jedes Salatblatts und belegen Sie die Avocadoscheiben.

Ernährung (für 100g): 440 Kalorien 32 g l Fett 8 g Kohlenhydrate 26 g Protein 607 mg Natrium

Gefüllte Champignons mit Feta und Quinoa

Vorbereitungszeit: 5 Minuten

Kochzeit : 8 Minuten

Portionen: 6

Schwierigkeitsgrad : Durchschnitt

Zutaten:

- 2 Esslöffel fein gewürfelte rote Paprika
- 1 Knoblauchzehe, gehackt
- ¼ Tasse gekochter Quinoa
- 1/8 Teelöffel Salz
- ¼ Teelöffel getrockneter Oregano
- 24 Champignons, ohne Stiel
- 2 Unzen zerbröckelter Feta
- 3 Esslöffel Vollkornbrösel
- Olivenöl Kochspray

Richtungen:

Heizen Sie die Heißluftfritteuse auf 360 °F vor. In einer kleinen Schüssel Paprika, Knoblauch, Quinoa, Salz und Oregano vermischen. Die Quinoa-Füllung in die Pilzkappen geben, bis sie gerade gefüllt sind. Auf jeden Pilz ein kleines Stück Feta geben. Auf jeden Pilz eine Prise Semmelbrösel über den Feta streuen.

Setzen Sie den Korb der Heißluftfritteuse mit Olivenöl-Kochspray ein und legen Sie dann die Pilze vorsichtig in den Korb und achten Sie darauf, dass sie sich nicht berühren.

Den Korb in die Heißluftfritteuse legen und 8 Minuten backen. Aus der Heißluftfritteuse nehmen und servieren.

Ernährung (für 100g): 97 Kalorien 4g Fett 11g Kohlenhydrate 7g Protein 677mg Natrium

Fünf-Zutaten-Falafel mit Knoblauch-Joghurt-Sauce

Vorbereitungszeit: 5 Minuten

Kochzeit : 15 Minuten

Portionen: 4

Schwierigkeitsgrad: Schwer D

Zutaten:

- <u>Für die Falafel</u>
- 1 (15-Unzen) Dose Kichererbsen, abgetropft und gespült
- ½ Tasse frische Petersilie
- 2 Knoblauchzehen, gehackt
- ½ Esslöffel gemahlener Kreuzkümmel
- 1 Esslöffel Vollkornmehl
- Salz
- <u>Für die Knoblauch-Joghurt-Sauce</u>
- 1 Tasse fettfreier griechischer Naturjoghurt
- 1 Knoblauchzehe, gehackt
- 1 Esslöffel gehackter frischer Dill
- 2 Esslöffel Zitronensaft

Richtungen:

Um die Falafel zu machen

Heizen Sie die Heißluftfritteuse auf 360 °F vor. Gib die Kichererbsen in eine Küchenmaschine. Pulsieren, bis es größtenteils gehackt ist, dann Petersilie, Knoblauch und Kreuzkümmel hinzufügen und weitere Minuten pulsieren, bis die Zutaten zu einem Teig werden.

Fügen Sie das Mehl hinzu. Pulsen Sie noch ein paar Mal, bis sie kombiniert sind. Der Teig wird eine Textur haben, aber die Kichererbsen sollten in kleine Stücke gepulst werden. Rollen Sie den Teig mit sauberen Händen zu 8 gleich großen Kugeln und klopfen Sie die Kugeln dann etwas nach unten, sodass sie etwa ½ dicke Scheiben sind.

Setzen Sie den Korb der Heißluftfritteuse mit Olivenöl-Kochspray ein und legen Sie dann die Falafel-Pastetchen in einer einzigen Schicht in den Korb, und achten Sie darauf, dass sie sich nicht berühren. 15 Minuten in der Heißluftfritteuse frittieren.

Für die Knoblauch-Joghurt-Sauce

Joghurt, Knoblauch, Dill und Zitronensaft verrühren. Wenn die Falafel fertig gegart und von allen Seiten schön gebräunt sind, aus der Heißluftfritteuse nehmen und mit Salz würzen. Servieren Sie die heiße Dip-Sauce.

Ernährung (für 100g): 151 Kalorien 2g Fett 10g Kohlenhydrate 12g Protein 698mg Natrium

Zitronengarnelen mit Knoblauch-Olivenöl

Vorbereitungszeit: 5 Minuten

Kochzeit : 6 Minuten

Portionen: 4

Schwierigkeitsgrad : Durchschnitt

Zutaten:

- 1 Pfund mittelgroße Garnelen, gereinigt und entdarmt
- ¼ Tasse plus 2 Esslöffel Olivenöl, geteilt
- Saft von ½ Zitrone
- 3 Knoblauchzehen, gehackt und geteilt
- ½ Teelöffel Salz
- ¼ Teelöffel rote Paprikaflocken
- Zitronenspalten, zum Servieren (optional)
- Marinara-Sauce, zum Dippen (optional)

Richtungen:

Die Heißluftfritteuse auf 380°F vorheizen. Die Garnelen mit 2 EL Olivenöl, Zitronensaft, 1/3 gehacktem Knoblauch, Salz und Paprikaflocken mischen und gut bestreichen.

Kombinieren Sie in einem kleinen Auflaufförmchen die restlichen ¼ Tasse Olivenöl und den restlichen gehackten Knoblauch. Reißen Sie ein 12 x 12 Zoll großes Stück Aluminiumfolie ab. Legen Sie die Garnelen in die Mitte der Folie, falten Sie dann die Seiten nach oben und quetschen Sie die Ränder so, dass eine oben offene

Schüssel aus Aluminiumfolie entsteht. Legen Sie dieses Paket in den Heißluftfritteusekorb.

Die Garnelen 4 Minuten braten, dann die Heißluftfritteuse öffnen und die Auflaufförmchen mit Öl und Knoblauch in den Korb neben das Garnelenpäckchen legen. 2 weitere Minuten kochen. Übertragen Sie die Garnelen auf einen Servierteller oder eine Servierplatte mit der Auflaufförmchen aus Knoblauch-Olivenöl an der Seite zum Eintauchen. Sie können auf Wunsch auch mit Zitronenspalten und Marinara-Sauce servieren.

Ernährung (für 100g): 264 Kalorien 21 g Fett 10 g Kohlenhydrate 16 g Protein 473 mg Natrium

Knusprige grüne Bohnen Pommes mit Zitronen-Joghurt-Sauce

Vorbereitungszeit: 5 Minuten

Kochzeit : 5 Minuten

Portionen: 4

Schwierigkeitsgrad : Durchschnitt

Zutaten:

- <u>Für die grünen Bohnen</u>
- 1 Ei
- 2 Esslöffel Wasser
- 1 Esslöffel Vollkornmehl
- ¼ Teelöffel Paprika
- ½ Teelöffel Knoblauchpulver
- ½ Teelöffel Salz
- ¼ Tasse Vollkornbrotbrösel
- ½ Pfund ganze grüne Bohnen
- <u>Für die Zitronen-Joghurt-Sauce</u>
- ½ Tasse fettfreier griechischer Naturjoghurt
- 1 Esslöffel Zitronensaft
- ¼ Teelöffel Salz
- 1/8 Teelöffel Cayennepfeffer

Richtung:

Um die grünen Bohnen zu machen

Die Heißluftfritteuse auf 380°F vorheizen.

In einer mittelgroßen flachen Schüssel das Ei und das Wasser schaumig rühren. In einer separaten, mittelhohen Schüssel Mehl, Paprika, Knoblauchpulver und Salz verquirlen und dann die Semmelbrösel untermischen.

Bestreichen Sie den Boden der Heißluftfritteuse mit Kochspray. Tauchen Sie jede grüne Bohne in die Eimischung, dann in die Semmelbröselmischung und bestreichen Sie die Außenseite mit den Krümeln. Legen Sie die grünen Bohnen in einer einzigen Schicht auf den Boden des Heißluftfritteuses.

5 Minuten in der Heißluftfritteuse frittieren, oder bis die Panade goldbraun ist.

Für die Zitronen-Joghurt-Sauce

Fügen Sie Joghurt, Zitronensaft, Salz und Cayennepfeffer hinzu. Servieren Sie die grünen Bohnen-Pommes zusammen mit der Zitronen-Joghurt-Sauce als Snack oder Vorspeise.

Ernährung (für 100g): 88 Kalorien 2g Fett 10g Kohlenhydrate 7g Protein 697mg Natrium

Hausgemachte Meersalz-Pita-Chips

Zubereitungszeit: 2 Minuten

Kochzeit : 8 Minuten

Portionen: 2

Schwierigkeitsgrad: Leicht

Zutaten:

- 2 Vollkornpitas
- 1 Esslöffel Olivenöl
- ½ Teelöffel koscheres Salz

Richtungen

Heizen Sie die Heißluftfritteuse auf 360 °F vor. Jede Pita in 8 Keile schneiden. Mischen Sie in einer mittelgroßen Schüssel die Pita-Wedges, Olivenöl und Salz, bis die Wedges beschichtet sind und Olivenöl und Salz gleichmäßig verteilt sind.

Die Pita-Wedges in einer gleichmäßigen Schicht in den Heißluftfritteusenkorb legen und 6 bis 8 Minuten braten.

Nach Belieben mit zusätzlichem Salz würzen. Alleine oder mit einem Lieblingsdip servieren.

Ernährung (für 100g): 230 Kalorien 8g Fett 11g Kohlenhydrate 6g Protein 810mg Natrium

Gebackener Spanakopita-Dip

Zubereitungszeit: 10 Minuten

Kochzeit : 15 Minuten

Portionen: 2

Schwierigkeitsgrad : Durchschnitt

Zutaten:

- Olivenöl Kochspray
- 3 EL Olivenöl, geteilt
- 2 Esslöffel gehackte weiße Zwiebel
- 2 Knoblauchzehen, gehackt
- 4 Tassen frischer Spinat
- 4 Unzen Frischkäse, weich
- 4 Unzen Feta-Käse, geteilt
- Schale von 1 Zitrone
- ¼ Teelöffel gemahlene Muskatnuss
- 1 Teelöffel getrockneter Dill
- ½ Teelöffel Salz
- Pita-Chips, Karottensticks oder geschnittenes Brot zum Servieren (optional)

Richtungen:

Heizen Sie die Heißluftfritteuse auf 360 °F vor. Bestreichen Sie die Innenseite einer 6-Zoll-Auflaufform oder Auflaufform mit Olivenöl-Kochspray.

In einer großen Pfanne bei mittlerer Hitze 1 Esslöffel Olivenöl erhitzen. Fügen Sie die Zwiebel hinzu, dann kochen Sie für 1 Minute. Fügen Sie den Knoblauch hinzu und kochen Sie ihn unter Rühren für 1 Minute weiter.

Hitze reduzieren und Spinat und Wasser vermischen. Kochen, bis der Spinat zusammengefallen ist. Nehmen Sie die Pfanne von der Hitze. Geißeln Sie in einer mittelgroßen Schüssel den Frischkäse, 2 Unzen des Feta und den Rest von Olivenöl, Zitronenschale, Muskatnuss, Dill und Salz. Mischen, bis gerade kombiniert.

Fügen Sie das Gemüse zum Käseboden hinzu und rühren Sie, bis es sich vermischt. Gießen Sie die Dip-Mischung in die vorbereitete Auflaufform und bedecken Sie sie mit den restlichen 2 Unzen Feta-Käse.

Legen Sie den Dip in den Heißluftfritteusekorb und kochen Sie ihn 10 Minuten lang, oder bis er durchgeheizt ist und sprudelt. Mit Pita-Chips, Karottensticks oder geschnittenem Brot servieren.

Ernährung (für 100g): 550 Kalorien 52 g Fett 21 g Kohlenhydrate 14 g Protein 723 mg Natrium

Gerösteter Perlzwiebel-Dip

Vorbereitungszeit: 5 Minuten

Kochzeit : 12 Minuten plus 1 Stunde zum Chillen

Portionen: 4

Schwierigkeitsgrad : Durchschnitt

Zutaten:

- 2 Tassen geschälte Perlzwiebeln
- 3 Knoblauchzehen
- 3 EL Olivenöl, geteilt
- ½ Teelöffel Salz
- 1 Tasse fettfreier griechischer Naturjoghurt
- 1 Esslöffel Zitronensaft
- ¼ Teelöffel schwarzer Pfeffer
- 1/8 Teelöffel rote Paprikaflocken
- Pita-Chips, Gemüse oder geröstetes Brot zum Servieren (optional)

Richtungen:

Heizen Sie die Heißluftfritteuse auf 360 °F vor. In einer großen Schüssel Perlzwiebeln und Knoblauch mit 2 EL Olivenöl vermischen, bis die Zwiebeln gut bedeckt sind.

Die Knoblauch-Zwiebel-Mischung in den Fritteusenkorb geben und 12 Minuten rösten. Gib den Knoblauch und die Zwiebeln in eine Küchenmaschine. Das Gemüse mehrmals pulsieren, bis die Zwiebeln gehackt sind, aber noch einige Stücke haben.

Knoblauch und Zwiebeln und den restlichen 1 Esslöffel Olivenöl zusammen mit Salz, Joghurt, Zitronensaft, schwarzem Pfeffer und roten Pfefferflocken hinzufügen. Vor dem Servieren mit Pita-Chips, Gemüse oder geröstetem Brot 1 Stunde kalt stellen.

Ernährung (für 100g): 150 Kalorien 10 g Fett 6 g Kohlenhydrate 7 g Protein 693 mg Natrium

Rote Pfeffer-Tapenade

Vorbereitungszeit: 5 Minuten

Kochzeit : 5 Minuten

Portionen: 4

Schwierigkeitsgrad : Durchschnitt

Zutaten:

- 1 große rote Paprika
- 2 Esslöffel plus 1 Teelöffel Olivenöl
- ½ Tasse Kalamata-Oliven, entkernt und grob gehackt
- 1 Knoblauchzehe, gehackt
- ½ Teelöffel getrockneter Oregano
- 1 Esslöffel Zitronensaft

Richtungen:

Die Heißluftfritteuse auf 380°F vorheizen. Bestreichen Sie die Außenseite einer ganzen roten Paprika mit 1 Teelöffel Olivenöl und legen Sie sie in den Luftfritteusenkorb. 5 Minuten rösten. In der Zwischenzeit in einer mittelgroßen Schüssel die restlichen 2 Esslöffel Olivenöl mit den Oliven, Knoblauch, Oregano und Zitronensaft vermischen.

Die rote Paprika aus der Heißluftfritteuse nehmen, den Stiel vorsichtig abschneiden und die Kerne entfernen. Die geröstete Paprika grob in kleine Stücke schneiden.

Fügen Sie die rote Paprika der Olivenmischung hinzu und rühren Sie alles zusammen, bis sich alles verbunden hat. Mit Pita-Chips, Crackern oder knusprigem Brot servieren.

Ernährung (für 100g): 104 Kalorien 10 g Fett 9 g Kohlenhydrate 1 g Protein 644 mg Natrium

Griechische Kartoffelschalen mit Oliven und Feta

Vorbereitungszeit: 5 Minuten

Kochzeit : 45 Minuten

Portionen: 4

Schwierigkeitsgrad: Schwer D

Zutaten:

- 2 rostrote Kartoffeln
- 3 Esslöffel Olivenöl
- 1 Teelöffel koscheres Salz, geteilt
- ¼ Teelöffel schwarzer Pfeffer
- 2 Esslöffel frischer Koriander
- ¼ Tasse Kalamata-Oliven, gewürfelt
- ¼ Tasse zerbröckelter Feta
- Gehackte frische Petersilie zum Garnieren (optional)

Richtungen:

Die Heißluftfritteuse auf 380°F vorheizen. Mit einer Gabel 2 bis 3 Löcher in die Kartoffeln stechen, dann jede mit etwa ½ EL Olivenöl und ½ TL Salz bestreichen.

Legen Sie die Kartoffeln in den Heißluftfritteusenkorb und backen Sie sie 30 Minuten lang. Die Kartoffeln aus der Heißluftfritteuse nehmen und halbieren. Kratzen Sie das Fleisch der Kartoffeln mit einem Löffel heraus, lassen Sie eine ½-Zoll-Schicht Kartoffel in der Schale und legen Sie die Schalen beiseite.

Kombinieren Sie in einer mittelgroßen Schüssel die ausgeschöpften Kartoffelmitten mit den restlichen 2 Esslöffeln Olivenöl, ½ Teelöffel Salz, schwarzem Pfeffer und Koriander. Mischen, bis alles gut vermischt ist. Die Kartoffelfüllung auf die nun leeren Kartoffelschalen aufteilen und gleichmäßig darauf verteilen. Jede Kartoffel mit je einem Esslöffel Oliven und Feta belegen.

Legen Sie die beladenen Kartoffelschalen wieder in die Heißluftfritteuse und backen Sie sie 15 Minuten lang. Mit zusätzlichem gehacktem Koriander oder Petersilie und einem Schuss Olivenöl servieren, falls gewünscht.

Ernährung (für 100g): 270 Kalorien 13 g Fett 34 g Kohlenhydrate 5 g Protein 672 mg Natrium

Wolfsbarsch in der Tasche

Zubereitungszeit: 10 Minuten

Kochzeit : 25 Minuten

Portionen: 4

Schwierigkeitsgrad : Durchschnitt

Zutaten:

- 4 Wolfsbarschfilets
- 4 geschnittene Knoblauchzehen
- 1 in Scheiben geschnittene Selleriestange
- 1 geschnittene Zucchini
- 1 c. halbierte Kirschtomaten halbiert
- 1 Schalotte, in Scheiben geschnitten
- 1 Teelöffel. getrockneter Oregano
- Salz und Pfeffer

Richtungen:

Knoblauch, Sellerie, Zucchini, Tomaten, Schalotten und Oregano in einer Schüssel mischen. Mit Salz und Pfeffer abschmecken. Nehmen Sie 4 Blätter Backpapier und legen Sie sie auf Ihrer Arbeitsfläche aus. Die Gemüsemischung in die Mitte jedes Blattes geben.

Mit einem Fischfilet belegen und das Papier gut einwickeln, so dass es einer Tasche ähnelt. Den eingewickelten Fisch auf ein Backblech legen und im vorgeheizten Backofen bei 350 F/176 C 15 Minuten garen. Servieren Sie den Fisch warm und frisch.

Ernährung (für 100g): 149 Kalorien 2,8 g Fett 5,2 g Kohlenhydrate 25,2 g Protein 696 mg Natrium

Cremige Pasta mit geräuchertem Lachs

Vorbereitungszeit: 5 Minuten

Kochzeit : 35 Minuten

Portionen: 4

Schwierigkeitsgrad : Durchschnitt

Zutaten:

- 2 EL. Olivenöl
- 2 gehackte Knoblauchzehen
- 1 Schalotte, gehackt
- 4 Unzen. oder 113 g gehackter Lachs, geräuchert
- 1 c. grüne Erbsen
- 1 c. Schlagsahne
- Salz und Pfeffer
- 1 Prise Chiliflocken
- 8 Unzen. oder 230 g Penne-Nudeln
- 6 c. Wasser

Richtungen:

Stellen Sie die Pfanne auf mittlere Hitze und fügen Sie Öl hinzu. Knoblauch und Schalotte hinzufügen. 5 Minuten kochen oder bis sie weich sind. Erbsen, Salz, Pfeffer und Chiliflocken hinzufügen. 10 Minuten kochen

Fügen Sie den Lachs hinzu und kochen Sie weitere 5-7 Minuten weiter. Sahne hinzufügen, Hitze reduzieren und weitere 5 Minuten kochen lassen.

In der Zwischenzeit eine Pfanne mit Wasser und Salz nach Belieben auf hoher Hitze stellen, sobald sie kocht, Penne-Nudeln hinzufügen und 8-10 Minuten kochen lassen oder bis sie weich sind Die Nudeln abgießen, zur Lachssauce geben und servieren

Ernährung (für 100g): 393 Kalorien 20,8 g Fett 38 g Kohlenhydrate 3 g Protein 836 mg Natrium

Slow Cooker Griechisches Hühnchen

Zubereitungszeit: 20 Minuten

Kochzeit: 3 Stunden

Portionen: 4

Schwierigkeitsgrad : Durchschnitt

Zutaten:

- 1 Esslöffel natives Olivenöl extra
- 2 Pfund ohne Knochen, Hähnchenbrust
- ½ TL koscheres Salz
- ¼ TL schwarzer Pfeffer
- 1 (12-Unzen) Glas geröstete rote Paprika
- 1 Tasse Kalamata-Oliven
- 1 mittelgroße rote Zwiebel, in Stücke geschnitten
- 3 Esslöffel Rotweinessig
- 1 Esslöffel gehackter Knoblauch
- 1 Teelöffel Honig
- 1 Teelöffel getrockneter Oregano
- 1 Teelöffel getrockneter Thymian
- ½ Tasse Feta-Käse (optional, zum Servieren)
- Gehackte frische Kräuter: eine beliebige Mischung aus Basilikum, Petersilie oder Thymian (optional, zum Servieren)

Richtungen:

Bestreichen Sie den Slow Cooker mit Antihaft-Kochspray oder Olivenöl. Das Olivenöl in einer großen Pfanne anbraten. Beide Seiten der Hähnchenbrust würzen. Sobald das Öl heiß ist, die Hähnchenbrüste hinzufügen und auf beiden Seiten anbraten (ca. 3 Minuten).

Nach dem Garen in den Slow Cooker geben. Fügen Sie die rote Paprika, Oliven und rote Zwiebel zu den Hühnerbrüsten hinzu. Versuchen Sie, das Gemüse um das Huhn herum und nicht direkt darauf zu legen.

In einer kleinen Schüssel Essig, Knoblauch, Honig, Oregano und Thymian vermischen. Nach dem Kombinieren über das Huhn gießen. Kochen Sie das Huhn 3 Stunden lang auf niedriger Stufe oder bis es in der Mitte nicht mehr rosa ist. Mit zerbröckeltem Feta und frischen Kräutern servieren.

Ernährung (für 100g): 399 Kalorien 17 g Fett 12 g Kohlenhydrate 50 g Protein 793 mg Natrium

Hähnchen Gyros

Zubereitungszeit: 10 Minuten

Kochzeit: 4 Stunden

Portionen: 4

Schwierigkeitsgrad : Durchschnitt

Zutaten:

- 2 lbs. Hähnchenbrust oder Hähnchenbrust ohne Knochen
- Saft einer Zitrone
- 3 Zehen Knoblauch
- 2 Teelöffel Rotweinessig
- 2-3 Esslöffel Olivenöl
- ½ Tasse griechischer Joghurt
- 2 Teelöffel getrockneter Oregano
- 2–4 Teelöffel griechisches Gewürz
- ½ kleine rote Zwiebel, gehackt
- 2 Esslöffel Dillkraut
- Tzatziki Sauce
- 1 Tasse griechischer Naturjoghurt
- 1 Esslöffel Dillkraut
- 1 kleine englische Gurke, gehackt
- Prise Salz und Pfeffer
- 1 Teelöffel Zwiebelpulver
- <u>Für Beläge:</u>

* Tomaten

* Gehackte Gurken

* Gehackte rote Zwiebel

* Gewürfelter Feta-Käse

* Zerbröckeltes Fladenbrot

Richtungen:

Hähnchenbrust in Würfel schneiden und in den Slow Cooker geben. Zitronensaft, Knoblauch, Essig, Olivenöl, griechischen Joghurt, Oregano, griechische Gewürze, rote Zwiebeln und Dill in den Slow Cooker geben und umrühren, um sicherzustellen, dass alles gut vermischt ist.

5–6 Stunden auf niedriger Stufe oder 2–3 Stunden auf hoher Stufe garen. In der Zwischenzeit alle Zutaten für die Tzatziki-Sauce einarbeiten und verrühren. Wenn alles gut vermischt ist, in den Kühlschrank stellen, bis das Huhn fertig ist.

Wenn das Hühnchen fertig gekocht ist, servieren Sie es mit Fladenbrot und einem oder allen der oben aufgeführten Beläge.

Ernährung (für 100g): 317 Kalorien 7,4 g Fett 36,1 g Kohlenhydrate 28,6 g Protein 476 mg Natrium

Slow Cooker Hühnchen Cassoulet

Zubereitungszeit: 10 Minuten

Kochzeit : 20 Minuten

Portionen: 16

Schwierigkeitsgrad : Durchschnitt

Zutaten:

- 1 Tasse trockene Bohnen, eingeweicht
- 8 Hähnchenschenkel ohne Knochen
- 1 polnische Wurst, gekocht und in mundgerechte Stücke geschnitten (optional)
- 1¼ Tasse Tomatensaft
- 1 (28 Unzen) Dose halbierte Tomaten
- 1 EL Worcestershiresauce
- 1 TL Instant Rinder- oder Hühnerbouillongranulat
- ½ TL getrocknetes Basilikum
- ½ Teelöffel getrockneter Oregano
- ½ Teelöffel Paprika
- ½ Tasse gehackter Sellerie
- ½ Tasse gehackte Karotten
- ½ Tasse gehackte Zwiebel

Richtungen:

Bürsten Sie den Slow Cooker mit Olivenöl oder Antihaft-Kochspray ein. In einer Rührschüssel Tomatensaft, Tomaten, Worcestershire-Sauce, Rinderbouillon, Basilikum, Oregano und Paprika verrühren. Stellen Sie sicher, dass die Zutaten gut kombiniert sind.

Legen Sie das Hühnchen und die Wurst in den Slow Cooker und bedecken Sie es mit der Tomatensaftmischung. Mit Sellerie, Karotte und Zwiebel belegen. 10–12 Stunden auf niedriger Stufe kochen.

Ernährung (für 100g): 244 Kalorien 7g Fett 25g Kohlenhydrate 21g

Slow Cooker Hühnchen Provencal

Vorbereitungszeit: 5 Minuten

Kochzeit: 8 Stunden

Portionen: 4

Schwierigkeitsgrad: Leicht

Zutaten:

- 4 (6-Unzen) Hähnchenbrusthälften ohne Haut mit Knochen
- 2 Teelöffel getrocknetes Basilikum
- 1 Teelöffel getrockneter Thymian
- 1/8 Teelöffel Salz
- 1/8 Teelöffel frisch gemahlener schwarzer Pfeffer
- 1 gelbe Paprika, gewürfelt
- 1 rote Paprika, gewürfelt
- 1 (15,5-Unzen) Dose Cannellini-Bohnen
- 1 (14,5-Unzen) Dose zierliche Tomaten mit Basilikum, Knoblauch und Oregano, nicht entwässert

Richtungen:

Bestreichen Sie den Slow Cooker mit Antihaft-Olivenöl. Alle Zutaten in den Slow Cooker geben und verrühren. 8 Stunden auf niedriger Stufe kochen.

Ernährung (für 100g): 304 Kalorien 4,5 g Fett 27,3 g Kohlenhydrate 39,4 g Protein 639 mg Natrium

Putenbraten nach griechischer Art

Zubereitungszeit: 20 Minuten

Kochzeit : 7 Stunden und 30 Minuten

Portionen: 8

Schwierigkeitsgrad : Durchschnitt

Zutaten:

- 1 (4 Pfund) Truthahnbrust ohne Knochen, getrimmt
- ½ Tasse Hühnerbrühe, geteilt
- 2 Esslöffel frischer Zitronensaft
- 2 Tassen gehackte Zwiebel
- ½ Tasse entsteinte Kalamata-Oliven
- ½ Tasse ölverpackte sonnengetrocknete Tomaten, in dünne Scheiben geschnitten
- 1 Teelöffel griechisches Gewürz
- ½ Teelöffel Salz
- ¼ Teelöffel frisch gemahlener schwarzer Pfeffer
- 3 Esslöffel Allzweckmehl (oder Vollkorn)

Richtungen:

Bürsten Sie den Slow Cooker mit Antihaft-Kochspray oder Olivenöl ein. Pute, ¼ Tasse Hühnerbrühe, Zitronensaft, Zwiebel, Oliven, getrocknete Tomaten, griechische Gewürze, Salz und Pfeffer in den Slow Cooker geben.

7 Stunden auf niedriger Stufe kochen. Geiße das Mehl in die verbleibende ¼ Tasse Hühnerbrühe und rühre es dann vorsichtig in den Slow Cooker. Weitere 30 Minuten kochen.

Ernährung (für 100g): 341 Kalorien 19 g Fett 12 g Kohlenhydrate 36,4 g Protein 639 mg Natrium

Knoblauchhähnchen mit Couscous

Zubereitungszeit: 25 Minuten

Kochzeit: 7 Stunden

Portionen: 4

Schwierigkeitsgrad : Durchschnitt

Zutaten:

- 1 ganzes Huhn, in Stücke geschnitten
- 1 Esslöffel natives Olivenöl extra
- 6 Knoblauchzehen, halbiert
- 1 Tasse trockener Weißwein
- 1 Tasse Couscous
- ½ Teelöffel Salz
- ½ Teelöffel Pfeffer
- 1 mittelgroße Zwiebel, in dünne Scheiben geschnitten
- 2 Teelöffel getrockneter Thymian
- 1/3 Tasse Vollkornmehl

Richtungen:

Das Olivenöl in einer schweren Pfanne anbraten. Wenn die Pfanne heiß ist, fügen Sie das Huhn zum Anbraten hinzu. Achte darauf, dass sich die Hähnchenteile nicht berühren. Mit der Hautseite nach unten etwa 3 Minuten braten oder bis sie gebräunt sind.

Bürsten Sie Ihren Slow Cooker mit Antihaft-Kochspray oder Olivenöl ein. Zwiebel, Knoblauch und Thymian in den Slow Cooker geben und mit Salz und Pfeffer bestreuen. Das Hühnchen über die Zwiebeln rühren.

In einer separaten Schüssel das Mehl mit dem Wein verquirlen, bis keine Klumpen mehr vorhanden sind, dann über das Huhn gießen. 7 Stunden auf niedriger Stufe kochen oder bis sie fertig sind. Sie können auch 3 Stunden auf hoher Stufe kochen. Servieren Sie das Huhn über dem gekochten Couscous und löffeln Sie die Sauce darüber.

Ernährung (für 100g): 440 Kalorien 17,5 g Fett 14 g Kohlenhydrate 35,8 g Protein 674 mg Natrium

Hühnchen Karahi

Vorbereitungszeit: 5 Minuten

Kochzeit: 5 Stunden

Portionen: 4

Schwierigkeitsgrad: Leicht

Zutaten:

- 2 lbs. Hähnchenbrust oder -schenkel
- ¼ Tasse Olivenöl
- 1 kleine Dose Tomatenmark
- 1 Esslöffel Butter
- 1 große Zwiebel, gewürfelt
- ½ Tasse griechischer Naturjoghurt
- ½ Tasse Wasser
- 2 Esslöffel Ingwer in Knoblauchpaste
- 3 Esslöffel Bockshornkleeblätter
- 1 Teelöffel gemahlener Koriander
- 1 mittelgroße Tomate
- 1 Teelöffel rote Chili
- 2 grüne Chilis
- 1 Teelöffel Kurkuma
- 1 Esslöffel Garam Masala
- 1 Teelöffel Kreuzkümmelpulver
- 1 Teelöffel Meersalz
- ¼ Teelöffel Muskatnuss

Richtungen:

Bürsten Sie den Slow Cooker mit Antihaft-Kochspray ein. In einer kleinen Schüssel alle Gewürze gründlich mischen. Mischen Sie das Hühnchen in den Slow Cooker, gefolgt von den restlichen Zutaten, einschließlich der Gewürzmischung. Rühren, bis sich alles gut mit den Gewürzen vermischt hat.

4–5 Stunden auf niedriger Stufe kochen. Mit Naan oder italienischem Brot servieren.

Ernährung (für 100g): 345 Kalorien 9,9 g Fett 10 g Kohlenhydrate 53,7 g Protein 715 mg Natrium

Hühnchen-Cacciatore mit Orzo

Zubereitungszeit: 20 Minuten

Kochzeit: 4 Stunden

Portionen: 6

Schwierigkeitsgrad: Leicht

Zutaten:

- 2 Pfund Hähnchenschenkel mit Haut
- 1 Esslöffel Olivenöl
- 1 Tasse Champignons, geviertelt
- 3 Karotten, gehackt
- 1 kleines Glas Kalamata-Oliven
- 2 (14 Unzen) Dosen gewürfelte Tomaten
- 1 kleine Dose Tomatenmark
- 1 Tasse Rotwein
- 5 Knoblauchzehen
- 1 Tasse Orzo

Richtungen:

In einer großen Pfanne das Olivenöl anbraten. Wenn das Öl erhitzt ist, fügen Sie das Huhn mit der Hautseite nach unten hinzu und braten Sie es an. Achte darauf, dass sich die Hähnchenstücke nicht berühren.

Wenn das Hühnchen gebräunt ist, geben Sie es zusammen mit allen Zutaten außer dem Orzo in den Slow Cooker. Kochen Sie das Huhn 2 Stunden lang auf niedriger Stufe, fügen Sie dann den Orzo hinzu und kochen Sie weitere 2 Stunden lang. Mit einem knusprigen französischen Brot servieren.

Ernährung (für 100g): 424 Kalorien 16 g Fett 10 g Kohlenhydrate 11 g Protein 845 mg Natrium

Slow Cooked Daube Provencal

Zubereitungszeit: 15 Minuten

Kochzeit: 8 Stunden

Portionen: 8

Schwierigkeitsgrad : Durchschnitt

Zutaten:

- 1 Esslöffel Olivenöl
- 10 Knoblauchzehen, gehackt
- 2 Pfund Chuck Braten ohne Knochen
- 1½ Teelöffel Salz, geteilt
- ½ Teelöffel frisch gemahlener schwarzer Pfeffer
- 1 Tasse trockener Rotwein
- 2 Tassen Karotten, gehackt
- 1½ Tassen Zwiebel, gehackt
- ½ Tasse Rinderbrühe
- 1 (14 Unzen) Dose gewürfelte Tomaten
- 1 Esslöffel Tomatenmark
- 1 Teelöffel frischer Rosmarin, gehackt
- 1 Teelöffel frischer Thymian, gehackt
- ½ Teelöffel Orangenschale, gerieben
- ½ Teelöffel gemahlener Zimt
- ¼ Teelöffel gemahlene Nelken
- 1 Lorbeerblatt

Richtungen:

Eine Pfanne vorheizen und dann das Olivenöl dazugeben. Fügen Sie den gehackten Knoblauch und die Zwiebeln hinzu und kochen Sie, bis die Zwiebeln weich sind und der Knoblauch zu bräunen beginnt.

Das gewürfelte Fleisch, Salz und Pfeffer hinzufügen und braten, bis das Fleisch gebräunt ist. Übertragen Sie das Fleisch in den Slow Cooker. Die Rinderbrühe in die Pfanne mischen und etwa 3 Minuten köcheln lassen, um die Pfanne abzulöschen, dann in den Slow Cooker über das Fleisch gießen.

Die restlichen Zutaten in den Slow Cooker geben und gut verrühren. Stellen Sie den Slow Cooker auf niedrig und kochen Sie 8 Stunden lang, oder stellen Sie ihn auf hoch und kochen Sie ihn 4 Stunden lang. Mit Eiernudeln, Reis oder knusprigem italienischem Brot servieren.

Ernährung (für 100g): 547 Kalorien 30,5 g Fett 22 g Kohlenhydrate 45,2 g Protein 809 mg Natrium

Osso Bucco

Zubereitungszeit: 30 Minuten

Kochzeit: 8 Stunden

Portionen: 3

Schwierigkeitsgrad : Durchschnitt

Zutaten:

- 4 Rinder- oder Kalbshaxen
- 1 Teelöffel Meersalz
- ½ Teelöffel gemahlener schwarzer Pfeffer
- 3 Esslöffel Vollkornmehl
- 1–2 Esslöffel Olivenöl
- 2 mittelgroße Zwiebeln, gewürfelt
- 2 mittelgroße Karotten, gewürfelt
- 2 Stangen Sellerie, gewürfelt
- 4 Knoblauchzehen, gehackt
- 1 (14 Unzen) Dose gewürfelte Tomaten
- 2 Teelöffel getrocknete Thymianblätter
- ½ Tasse Rinder- oder Gemüsebrühe

Richtungen:

Die Schenkel auf beiden Seiten würzen, dann zum Bestreichen in das Mehl tauchen. Eine große Pfanne bei starker Hitze erhitzen. Fügen Sie das Olivenöl hinzu. Sobald das Öl heiß ist, fügen Sie die Schenkel hinzu und bräunen Sie sie von beiden Seiten gleichmäßig an. Wenn es gebräunt ist, in den Slow Cooker geben.

Gießen Sie die Brühe in die Pfanne und lassen Sie sie 3–5 Minuten unter Rühren köcheln, um die Pfanne abzulöschen. Gib die restlichen Zutaten in den Slow Cooker und gieße die Brühe aus der Pfanne darüber.

Stellen Sie den Slow Cooker auf niedrig und kochen Sie 8 Stunden lang. Servieren Sie den Osso Bucco über Quinoa, braunem Reis oder sogar Blumenkohlreis.

Ernährung (für 100g): 589 Kalorien 21,3 g Fett 15 g Kohlenhydrate 74,7 g Protein 893 mg Natrium

Slow Cooker Rindfleisch Bourguignon

Vorbereitungszeit: 5 Minuten

Kochzeit: 8 Stunden

Portionen: 8

Schwierigkeitsgrad: Schwer D

Zutaten:

- 1 Esslöffel natives Olivenöl extra
- 6 Unzen Speck, grob gehackt
- 3 Pfund Rinderbrust, vom Fett befreit, in 2-Zoll-Würfel geschnitten
- 1 große Karotte, in Scheiben geschnitten
- 1 große weiße Zwiebel, gewürfelt
- 6 Knoblauchzehen, gehackt und geteilt
- ½ Teelöffel grobes Salz
- ½ Teelöffel frisch gemahlener Pfeffer
- 2 Esslöffel Vollkornmehl
- 12 kleine Perlzwiebeln
- 3 Tassen Rotwein (Merlot, Pinot Noir oder Chianti)
- 2 Tassen Rinderfond
- 2 Esslöffel Tomatenmark
- 1 Rinderbouillonwürfel, zerkleinert
- 1 Teelöffel frischer Thymian, fein gehackt
- 2 Esslöffel frische Petersilie
- 2 Lorbeerblätter

- 2 EL Butter oder 1 EL Olivenöl
- 1 Pfund frische kleine weiße oder braune Champignons, geviertelt

Richtungen:

Eine Pfanne bei mittlerer Hitze erhitzen, dann das Olivenöl hinzufügen. Wenn das Öl erhitzt ist, braten Sie den Speck, bis er knusprig ist, und geben Sie ihn dann in Ihren Slow Cooker. Bewahren Sie das Speckfett in der Pfanne auf.

Das Rindfleisch trocken tupfen und in derselben Pfanne mit dem Speckfett anbraten, bis alle Seiten die gleiche braune Farbe haben. Übertragen Sie auf den Slow Cooker.

Zwiebeln und Karotten in den Slow Cooker geben und mit Salz und Pfeffer würzen. Umrühren, um die Zutaten zu kombinieren und sicherzustellen, dass alles gewürzt ist.

Den Rotwein in die Pfanne rühren und 4–5 Minuten köcheln lassen, um die Pfanne abzulöschen, dann das Mehl einrühren und glatt rühren. Weiter kochen, bis die Flüssigkeit reduziert und etwas eingedickt ist.

Wenn die Flüssigkeit eingedickt ist, gießen Sie sie in den Slow Cooker und rühren Sie um, um alles mit der Weinmischung zu überziehen. Tomatenmark, Brühwürfel, Thymian, Petersilie, 4 Knoblauchzehen und Lorbeerblatt hinzufügen. Stellen Sie Ihren Slow Cooker auf hoch und kochen Sie 6 Stunden lang, oder stellen Sie ihn auf niedrig und kochen Sie 8 Stunden lang.

Die Butter weich machen oder das Olivenöl in einer Pfanne bei mittlerer Hitze erhitzen. Wenn das Öl heiß ist, die restlichen 2 Knoblauchzehen einrühren und etwa 1 Minute kochen lassen, bevor die Pilze hinzugefügt werden. Die Pilze weich kochen, dann in den Slow Cooker geben und vermischen.

Mit Kartoffelpüree, Reis oder Nudeln servieren.

Ernährung (für 100g): 672 Kalorien 32 g Fett 15 g Kohlenhydrate 56 g Protein 693 mg Natrium

Balsamico-Rind

Vorbereitungszeit: 5 Minuten

Kochzeit: 8 Stunden

Portionen: 10

Schwierigkeitsgrad : Durchschnitt

Zutaten:

- 2 Pfund Chuck Braten ohne Knochen
- 1 Esslöffel Olivenöl
- Reiben
- 1 Teelöffel Knoblauchpulver
- ½ Teelöffel Zwiebelpulver
- 1 Teelöffel Meersalz
- ½ Teelöffel frisch gemahlener schwarzer Pfeffer
- Soße
- ½ Tasse Balsamico-Essig
- 2 Esslöffel Honig
- 1 Esslöffel Honig-Senf
- 1 Tasse Rinderbrühe
- 1 Esslöffel Tapioka, Vollkornmehl oder Maisstärke (falls gewünscht, um die Sauce nach dem Kochen anzudicken)

Richtungen:

Alle Zutaten für den Rub einarbeiten.

In einer separaten Schüssel Balsamico-Essig, Honig, Honigsenf und Rinderbrühe mischen. Den Braten mit Olivenöl bestreichen, dann die Gewürze aus der Rub-Mischung einreiben. Legen Sie den Braten in den Slow Cooker und gießen Sie die Sauce darüber. Stellen Sie den Slow Cooker auf niedrig und kochen Sie 8 Stunden lang.

Wenn Sie die Sauce nach dem Garen des Bratens andicken möchten, geben Sie sie vom Slow Cooker auf eine Servierplatte. Dann die Flüssigkeit in einen Topf füllen und auf dem Herd zum Kochen bringen. Das Mehl glatt rühren und köcheln lassen, bis die Sauce eindickt.

Ernährung (für 100g): 306 Kalorien 19g Fett 13g Kohlenhydrate 25g Protein 823mg Natrium

Kalbsschmorbraten

Zubereitungszeit: 20 Minuten

Kochzeit: 5 Stunden

Portionen: 8

Schwierigkeitsgrad : Durchschnitt

Zutaten:

- 2 Esslöffel Olivenöl
- Salz und Pfeffer
- 3 Pfund Kalbsbraten ohne Knochen, gebunden
- 4 mittelgroße Karotten, geschält
- 2 Pastinaken, geschält und halbiert
- 2 weiße Rüben, geschält und geviertelt
- 10 Knoblauchzehen, geschält
- 2 Zweige frischer Thymian
- 1 Orange, geschrubbt und abgerieben
- 1 Tasse Hühner- oder Kalbsfond

Richtungen:

Eine große Pfanne bei mittlerer Hitze erhitzen. Kalbsbraten rundum mit Olivenöl einreiben, dann mit Salz und Pfeffer würzen. Wenn die Pfanne heiß ist, den Kalbsbraten hinzugeben und von allen Seiten anbraten. Dies dauert von jeder Seite etwa 3 Minuten, aber dieser Vorgang versiegelt die Säfte und macht das Fleisch saftig.

Wenn es gekocht ist, legen Sie es in den Slow Cooker. Karotten, Pastinaken, Rüben und Knoblauch in die Pfanne geben. Rühren und etwa 5 Minuten garen – nicht ganz durch, nur um etwas von den braunen Stückchen vom Kalb zu bekommen und ihnen etwas Farbe zu geben.

Übertragen Sie das Gemüse in den Slow Cooker und legen Sie es rund um das Fleisch. Den Braten mit Thymian und der Schale der Orange belegen. Die Orange halbieren und den Saft über das Fleisch pressen. Fügen Sie die Hühnerbrühe hinzu und kochen Sie den Braten dann 5 Stunden lang auf niedriger Stufe.

Ernährung (für 100g): 426 Kalorien 12,8 g Fett 10 g Kohlenhydrate 48,8 g Protein 822 mg Natrium

Mediterraner Reis und Wurst

Zubereitungszeit: 15 Minuten

Kochzeit: 8 Stunden

Portionen: 6

Schwierigkeitsgrad : Durchschnitt

Zutaten:

- 1½ Pfund italienische Wurst, zerbröckelt
- 1 mittelgroße Zwiebel, gehackt
- 2 Esslöffel Steaksauce
- 2 Tassen Langkornreis, ungekocht
- 1 (14-Unzen) Dose gewürfelte Tomaten mit Saft
- ½ Tasse Wasser
- 1 mittelgroße grüne Paprika, gewürfelt

Richtungen:

Sprühen Sie Ihren Slow Cooker mit Olivenöl oder Antihaft-Kochspray ein. Fügen Sie die Wurst, die Zwiebel und die Steaksauce in den Slow Cooker hinzu. 8 bis 10 Stunden auf niedrig stellen.

Nach 8 Stunden Reis, Tomaten, Wasser und grünen Pfeffer hinzufügen. Umrühren, um gründlich zu kombinieren. Kochen Sie weitere 20 bis 25 Minuten.

Ernährung (für 100g): 650 Kalorien 36 g Fett 11 g Kohlenhydrate 22 g Protein 633 mg Natrium

Spanische Fleischbällchen

Zubereitungszeit: 20 Minuten

Kochzeit: 5 Stunden

Portionen: 6

Schwierigkeitsgrad: Schwer D

Zutaten:

- 1 Pfund gemahlener Truthahn
- 1 Pfund Hackfleisch
- 2 Eier
- 1 (20 Unzen) Dose gewürfelte Tomaten
- ¾ Tasse süße Zwiebel, gehackt, geteilt
- ¼ Tasse plus 1 Esslöffel Semmelbrösel
- 3 Esslöffel frische Petersilie, gehackt
- 1½ Teelöffel Kreuzkümmel
- 1½ Teelöffel Paprika (süß oder scharf)

Richtungen:

Sprühen Sie den Slow Cooker mit Olivenöl ein.

In eine Rührschüssel das Hackfleisch, die Eier, etwa die Hälfte der Zwiebeln, die Semmelbrösel und die Gewürze geben.

Waschen Sie Ihre Hände und mischen Sie, bis alles gut verbunden ist. Nicht zu viel mischen, da dies zu zähen Fleischbällchen führt. Zu Fleischbällchen formen. Wie groß du sie machst, bestimmt natürlich, wie viele Frikadellen du insgesamt bekommst.

In einer Pfanne 2 Esslöffel Olivenöl bei mittlerer Hitze anbraten. Sobald sie heiß sind, die Fleischbällchen untermischen und von allen Seiten anbraten. Achte darauf, dass sich die Kugeln nicht berühren, damit sie gleichmäßig braun werden. Sobald Sie fertig sind, geben Sie sie in den Slow Cooker.

Den Rest der Zwiebeln und Tomaten in die Pfanne geben und einige Minuten kochen lassen, dabei die braunen Stücke von den Fleischbällchen abkratzen, um Geschmack zu verleihen. Übertragen Sie die Tomaten über die Fleischbällchen in den Slow Cooker und kochen Sie sie 5 Stunden lang auf niedriger Stufe.

Ernährung (für 100g): 372 Kalorien 21,7 g Fett 15 g Kohlenhydrate 28,6 Protein 772 mg Natrium

Blumenkohlsteaks mit Oliven-Zitrussauce

Zubereitungszeit: 15 Minuten

Kochzeit : 30 Minuten

Portionen: 4

Schwierigkeitsgrad : Durchschnitt

Zutaten:

- 1 oder 2 große Köpfe Blumenkohl
- 1/3 Tasse natives Olivenöl extra
- ¼ Teelöffel koscheres Salz
- 1/8 Teelöffel gemahlener schwarzer Pfeffer
- Saft von 1 Orange
- Schale von 1 Orange
- ¼ Tasse schwarze Oliven, entkernt und gehackt
- 1 Esslöffel Dijon oder körniger Senf
- 1 Esslöffel Rotweinessig
- ½ Teelöffel gemahlener Koriander

Richtungen:

Den Backofen auf 400 °C vorheizen. Legen Sie Pergamentpapier oder Folie in das Backblech. Schneiden Sie den Stiel des Blumenkohls ab, damit er aufrecht sitzt. Schneiden Sie es vertikal in vier dicke Platten. Den Blumenkohl auf das vorbereitete Backblech legen. Mit Olivenöl, Salz und schwarzem Pfeffer beträufeln. Etwa 30 Minuten backen.

In einer mittelgroßen Schüssel Orangensaft, Orangenschale, Oliven, Senf, Essig und Koriander verrühren; gut mischen. Mit der Soße servieren.

Ernährung (für 100g): 265 Kalorien 21 g Fett 4 g Kohlenhydrate 5 g Protein 693 mg Natrium

Pistazien-Minz-Pesto Pasta

Zubereitungszeit: 10 Minuten

Kochzeit : 10 Minuten

Portionen: 4

Schwierigkeitsgrad : Durchschnitt

Zutaten:

- 8 Unzen Vollkornnudeln
- 1 Tasse frische Minze
- ½ Tasse frisches Basilikum
- 1/3 Tasse ungesalzene Pistazien, geschält
- 1 Knoblauchzehe, geschält
- ½ Teelöffel koscheres Salz
- Saft von ½ Limette
- 1/3 Tasse natives Olivenöl extra

Richtungen:

Die Nudeln nach Packungsanweisung kochen. Abgießen, ½ Tasse Nudelwasser auffangen und beiseite stellen. In einer Küchenmaschine Minze, Basilikum, Pistazien, Knoblauch, Salz und Limettensaft hinzufügen. Verarbeiten, bis die Pistazien grob gemahlen sind. Das Olivenöl in einem langsamen, gleichmäßigen Strom einrühren und verarbeiten, bis es eingearbeitet ist.

In einer großen Schüssel die Nudeln mit dem Pistazienpesto vermengen. Wenn eine dünnere, freche Konsistenz gewünscht wird, etwas von dem reservierten Nudelwasser hinzufügen und gut verrühren.

Ernährung (für 100g): 420 Kalorien3g Fett 2g Kohlenhydrate 11g Protein 593mg Natrium

Burst Cherry-Tomaten-Sauce mit Angel Hair Pasta

Zubereitungszeit: 10 Minuten

Kochzeit : 20 Minuten

Portionen: 4

Schwierigkeitsgrad : Durchschnitt

Zutaten:

- 8 Unzen Engelshaarpasta
- 2 Esslöffel natives Olivenöl extra
- 3 Knoblauchzehen, gehackt
- 3 Pint Kirschtomaten
- ½ Teelöffel koscheres Salz
- ¼ Teelöffel rote Paprikaflocken
- ¾ Tasse frisches Basilikum, gehackt
- 1 Esslöffel weißer Balsamico-Essig (optional)
- ¼ Tasse geriebener Parmesankäse (optional)

Richtungen:

Die Nudeln nach Packungsanweisung kochen. Abgießen und beiseite stellen.

Das Olivenöl in einer Pfanne oder einer großen Bratpfanne bei mittlerer Hitze anbraten. Knoblauch einrühren und 30 Sekunden anbraten. Tomaten, Salz und Paprikaflocken unterrühren und unter gelegentlichem Rühren etwa 15 Minuten kochen lassen, bis die Tomaten aufplatzen.

Vom Herd nehmen und Nudeln und Basilikum unterrühren. Gut miteinander vermengen. (Für Tomaten außerhalb der Saison den Essig hinzufügen, falls gewünscht, und gut mischen.) Servieren.

Ernährung (für 100g): 305 Kalorien 8 g Fett 3 g Kohlenhydrate 11 g Protein 559 mg Natrium

Gebackener Tofu mit sonnengetrockneten Tomaten und Artischocken

Zubereitungszeit: 30 Minuten

Kochzeit : 30 Minuten

Portionen: 4

Schwierigkeitsgrad : Durchschnitt

Zutaten:

- 1 Packung (16 Unzen) extra fester Tofu, in 2,5 cm große Würfel geschnitten
- 2 Esslöffel natives Olivenöl extra, geteilt
- 2 EL Zitronensaft, geteilt
- 1 Esslöffel natriumarme Sojasauce
- 1 Zwiebel, gewürfelt
- ½ Teelöffel koscheres Salz
- 2 Knoblauchzehen, gehackt
- 1 (14 Unzen) Dose Artischockenherzen, abgetropft
- 8 sonnengetrocknete Tomaten
- ¼ Teelöffel frisch gemahlener schwarzer Pfeffer
- 1 Esslöffel Weißweinessig
- Schale von 1 Zitrone
- ¼ Tasse frische Petersilie, gehackt

Richtungen:

Bereiten Sie den Ofen auf 400 ° F vor. Legen Sie die Folie oder das Pergamentpapier in das Backblech. In einer Schüssel Tofu, 1 Esslöffel Olivenöl, 1 Esslöffel Zitronensaft und die Sojasauce vermischen. Beiseite stellen und 15 bis 30 Minuten marinieren. Den Tofu in einer Schicht auf dem vorbereiteten Backblech anrichten und 20 Minuten backen, dabei einmal wenden, bis er hellgoldbraun ist.

Den restlichen 1 EL Olivenöl in einer großen Pfanne oder Bratpfanne bei mittlerer Hitze anbraten. Fügen Sie die Zwiebel und das Salz hinzu; braten, bis sie durchscheinend ist, 5 bis 6 Minuten. Den Knoblauch untermischen und 30 Sekunden anbraten. Dann die Artischockenherzen, die sonnengetrockneten Tomaten und den schwarzen Pfeffer dazugeben und 5 Minuten anbraten. Fügen Sie den Weißweinessig und den restlichen 1 EL Zitronensaft hinzu und löschen Sie die Pfanne ab, wobei Sie alle braunen Stücke auskratzen. Die Pfanne vom Herd nehmen und Zitronenschale und Petersilie hineingeben. Den gebackenen Tofu vorsichtig untermischen.

Ernährung (für 100g): 230 Kalorien 14 g Fett 5 g Kohlenhydrate 14 g Protein 593 mg Natrium

Gebackener mediterraner Tempeh mit Tomaten und Knoblauch

Vorbereitungszeit : 25 Minuten, plus 4 Stunden zum Marinieren

Kochzeit : 35 Minuten

Portionen: 4

Schwierigkeitsgrad: Schwer D

Zutaten:

- <u>Für die Tempeh</u>
- 12 Unzen Tempeh
- ¼ Tasse Weißwein
- 2 Esslöffel natives Olivenöl extra
- 2 Esslöffel Zitronensaft
- Schale von 1 Zitrone
- ¼ Teelöffel koscheres Salz
- ¼ Teelöffel frisch gemahlener schwarzer Pfeffer
- <u>Für die Tomaten-Knoblauch-Sauce</u>
- 1 Esslöffel natives Olivenöl extra
- 1 Zwiebel, gewürfelt
- 3 Knoblauchzehen, gehackt
- 1 (14,5-Unzen) Dose ohne Salzzusatz zerdrückte Tomaten
- 1 Beefsteak-Tomate, gewürfelt
- 1 getrocknetes Lorbeerblatt
- 1 Teelöffel Weißweinessig

- 1 Teelöffel Zitronensaft
- 1 Teelöffel getrockneter Oregano
- 1 Teelöffel getrockneter Thymian
- ¾ Teelöffel koscheres Salz
- ¼ Tasse Basilikum, in Bänder geschnitten

Richtungen:

Um das Tempeh zu machen

Den Tempeh in einen mittelgroßen Topf geben. Füllen Sie genug Wasser, um es 1 bis 2 Zoll zu bedecken. Bei mittlerer Hitze zum Kochen bringen, abdecken und bei niedrigerer Hitze köcheln lassen. 10 bis 15 Minuten kochen. Den Tempeh entfernen, trocken tupfen, abkühlen und in 1-Zoll-Würfel schneiden.

Weißwein, Olivenöl, Zitronensaft, Zitronenschale, Salz und schwarzen Pfeffer mischen. Tempeh dazugeben, Schüssel abdecken, 4 Stunden oder über Nacht in den Kühlschrank stellen. Den Ofen auf 375°F vorheizen. Den marinierten Tempeh und die Marinade in eine Auflaufform geben und 15 Minuten kochen lassen.

Für die Tomaten-Knoblauch-Sauce

Das Olivenöl in einer großen Pfanne bei mittlerer Hitze anbraten. Fügen Sie die Zwiebel hinzu und braten Sie sie 3 bis 5 Minuten an, bis sie transparent ist. Den Knoblauch untermischen und 30 Sekunden anbraten. Zerdrückte Tomaten, Beefsteak-Tomaten,

Lorbeerblatt, Essig, Zitronensaft, Oregano, Thymian und Salz hinzufügen. Gut mischen. 15 Minuten köcheln lassen.

Den gebackenen Tempeh zur Tomatenmischung geben und vorsichtig vermischen. Mit Basilikum garnieren.

ERSATZ-TIPP: Wenn Sie kein Tempeh mehr haben oder einfach nur den Kochvorgang beschleunigen möchten, können Sie eine 14,5-Unzen-Dose weiße Bohnen gegen das Tempeh eintauschen. Die Bohnen abspülen und mit den zerdrückten Tomaten in die Sauce geben. Es ist immer noch eine großartige vegane Vorspeise in der Hälfte der Zeit!

Ernährung (für 100g): 330 Kalorien 20 g Fett 4 g Kohlenhydrate 18 g Protein 693 mg Natrium

Gebratene Portobello-Pilze mit Grünkohl und roten Zwiebeln

Zubereitungszeit: 30 Minuten

Kochzeit : 30 Minuten

Portionen: 4

Schwierigkeitsgrad: Schwer D

Zutaten:

- ¼ Tasse Weißweinessig
- 3 Esslöffel natives Olivenöl extra, geteilt
- ½ Teelöffel Honig
- ¾ Teelöffel koscheres Salz, geteilt
- ¼ Teelöffel frisch gemahlener schwarzer Pfeffer
- 4 große Portobello-Pilze, Stiele entfernt
- 1 rote Zwiebel, Julienned
- 2 Knoblauchzehen, gehackt
- 1 (8-Unzen) Bund Grünkohl, entstielt und klein gehackt
- ¼ Teelöffel rote Paprikaflocken
- ¼ Tasse geriebener Parmesan oder Romano-Käse

Richtungen:

Legen Sie Pergamentpapier oder Folie in das Backblech. In einer mittelgroßen Schüssel den Essig, 1½ Esslöffel Olivenöl, Honig, ¼ Teelöffel Salz und den schwarzen Pfeffer verquirlen. Legen Sie die

Champignons auf das Backblech und gießen Sie die Marinade
darüber. 15 bis 30 Minuten marinieren.

Währenddessen den Backofen auf 400 °C vorheizen. Die
Champignons 20 Minuten backen, dabei nach der Hälfte wenden.
Die restlichen 1½ Esslöffel Olivenöl in einer großen Pfanne oder
einer ofenfesten Bratpfanne bei mittlerer Hitze erhitzen. Fügen Sie
die Zwiebel und den restlichen ½ Teelöffel Salz hinzu und braten
Sie sie 5 bis 6 Minuten goldbraun an. Den Knoblauch untermischen
und 30 Sekunden anbraten. Grünkohl und rote Paprikaflocken
untermischen und ca. 5 Minuten anbraten, bis der Grünkohl gar
ist.

Die Champignons aus dem Ofen nehmen und die Temperatur zum
Grillen erhöhen. Gießen Sie die Flüssigkeit vom Backblech
vorsichtig in die Pfanne mit der Grünkohlmischung; gut mischen.
Drehen Sie die Champignons um, sodass die Stielseite nach oben
zeigt. Auf jeden Pilz etwas von der Grünkohlmischung geben.
Jeweils 1 EL Parmesankäse darüberstreuen. goldbraun braten.

Ernährung (für 100g): 200 Kalorien 13 g Fett 4 g Kohlenhydrate
8 g Protein

Mit Balsamico marinierter Tofu mit Basilikum und Oregano

Zubereitungszeit: 40 Minuten

Kochzeit : 30 Minuten

Portionen: 4

Schwierigkeitsgrad : Durchschnitt

Zutaten:

- ¼ Tasse natives Olivenöl extra
- ¼ Tasse Balsamico-Essig
- 2 Esslöffel natriumarme Sojasauce
- 3 Knoblauchzehen, gerieben
- 2 Teelöffel reiner Ahornsirup
- Schale von 1 Zitrone
- 1 Teelöffel getrocknetes Basilikum
- 1 Teelöffel getrockneter Oregano
- ½ Teelöffel getrockneter Thymian
- ½ Teelöffel getrockneter Salbei
- ¼ Teelöffel koscheres Salz
- ¼ Teelöffel frisch gemahlener schwarzer Pfeffer
- ¼ Teelöffel rote Paprikaflocken (optional)
- 1 (16-Unzen) Block extra fester Tofu

Richtungen:

In einer Schüssel oder einem Gallonen-Reißverschlussbeutel

Olivenöl, Essig, Sojasauce, Knoblauch, Ahornsirup, Zitronenschale,

Basilikum, Oregano, Thymian, Salbei, Salz, schwarzen Pfeffer und rote Pfefferflocken mischen, falls gewünscht. Tofu dazugeben und vorsichtig mischen. In den Kühlschrank stellen und 30 Minuten marinieren oder auf Wunsch auch über Nacht.

Bereiten Sie den Ofen auf 425 ° F vor. Legen Sie Pergamentpapier oder Folie in das Backblech. Den marinierten Tofu in einer einzigen Schicht auf dem vorbereiteten Backblech anrichten. 20 bis 30 Minuten backen, nach der Hälfte umdrehen, bis sie leicht knusprig sind.

Ernährung (für 100g): 225 Kalorien 16 g Fett 2 g Kohlenhydrate 13 g Protein 493 mg Natrium

Mit Ricotta, Basilikum und Pistazien gefüllte Zucchini

Zubereitungszeit: 15 Minuten

Kochzeit : 25 Minuten

Portionen: 4

Schwierigkeitsgrad : Durchschnitt

Zutaten:

- 2 mittelgroße Zucchini, längs halbiert
- 1 Esslöffel natives Olivenöl extra
- 1 Zwiebel, gewürfelt
- 1 Teelöffel koscheres Salz
- 2 Knoblauchzehen, gehackt
- ¾ Tasse Ricotta-Käse
- ¼ Tasse ungesalzene Pistazien, geschält und gehackt
- ¼ Tasse frisches Basilikum, gehackt
- 1 großes Ei, geschlagen
- ¼ Teelöffel frisch gemahlener schwarzer Pfeffer

Richtungen:

Bereiten Sie den Ofen auf 425 ° F vor. Legen Sie Pergamentpapier oder Folie in das Backblech. Die Kerne/das Fruchtfleisch aus der Zucchini herauskratzen, dabei ¼-Zoll-Fleisch an den Rändern lassen. Legen Sie das Fruchtfleisch auf ein Schneidebrett und hacken Sie das Fruchtfleisch ab.

Das Olivenöl in einer Bratpfanne bei mittlerer Hitze anbraten. Zwiebel, Fruchtfleisch und Salz dazugeben und etwa 5 Minuten anbraten. Knoblauch dazugeben und 30 Sekunden anbraten. Ricotta, Pistazien, Basilikum, Ei und schwarzen Pfeffer mischen. Fügen Sie die Zwiebelmischung hinzu und mischen Sie gut.

Die 4 Zucchinihälften auf das vorbereitete Backblech legen. Die Zucchinihälften mit der Ricotta-Mischung bestreichen. Backen, bis sie goldbraun sind.

Ernährung (für 100g): 200 Kalorien 12 g Fett 3 g Kohlenhydrate 11 g Protein 836 mg Natrium

Farro mit gerösteten Tomaten und Champignons

Zubereitungszeit: 20 Minuten

Kochzeit: 1 Stunde

Portionen: 4

Schwierigkeitsgrad: Schwer D

Zutaten:

- <u>Für die Tomaten</u>
- 2 Pint Kirschtomaten
- 1 Teelöffel natives Olivenöl extra
- ¼ Teelöffel koscheres Salz
- <u>Für die Farro</u>
- 3 bis 4 Tassen Wasser
- ½ Tasse Farro
- ¼ Teelöffel koscheres Salz
- <u>Für die Pilze</u>
- 2 Esslöffel natives Olivenöl extra
- 1 Zwiebel, julienned
- ½ Teelöffel koscheres Salz
- ¼ Teelöffel frisch gemahlener schwarzer Pfeffer
- 10 Unzen Babyglockenpilze, entstielt und in dünne Scheiben geschnitten
- ½ Tasse Gemüsebrühe ohne Salzzusatz

- 1 (15-Unzen) Dose Cannellini-Bohnen mit niedrigem Natriumgehalt, abgetropft und gespült
- 1 Tasse Babyspinat
- 2 Esslöffel frisches Basilikum, in Bänder geschnitten
- ¼ Tasse Pinienkerne, geröstet
- Gereifter Balsamico-Essig (optional)

Richtungen:

Um die Tomaten zu machen

Den Backofen auf 400 °C vorheizen. Legen Sie Pergamentpapier oder Folie in das Backblech. Tomaten, Olivenöl und Salz auf dem Backblech vermischen und 30 Minuten rösten.

Um den Farro zu machen

Wasser, Farro und Salz in einem mittelgroßen Topf oder Topf bei starker Hitze zum Kochen bringen. Lassen Sie es köcheln und kochen Sie es 30 Minuten lang oder bis der Farro al dente ist. Abgießen und beiseite stellen.

Um die Pilze zu machen

Das Olivenöl in einer großen Pfanne oder einer Bratpfanne bei mittlerer Hitze anbraten. Fügen Sie die Zwiebeln, Salz und schwarzen Pfeffer hinzu und braten Sie sie etwa 15 Minuten an, bis sie goldbraun sind und zu karamellisieren beginnen. Die Champignons einrühren, die Hitze auf mittlere Stufe erhöhen und ca. 10 Minuten anbraten, bis die Flüssigkeit verdampft und die Champignons braun sind. Die Gemüsebrühe einrühren und die

Pfanne ablöschen, dabei alle braunen Stücke auskratzen und die Flüssigkeit ca. 5 Minuten einkochen lassen. Fügen Sie die Bohnen hinzu und erwärmen Sie sie etwa 3 Minuten lang.

Herausnehmen und Spinat, Basilikum, Pinienkerne, geröstete Tomaten und Farro unterrühren. Nach Belieben mit Balsamico-Essig ablöschen.

Ernährung (für 100g): 375 Kalorien 15 g Fett 10 g Kohlenhydrate 14 g Protein 769 mg Natrium

Gebackener Orzo mit Auberginen, Mangold und Mozzarella

Zubereitungszeit: 20 Minuten

Kochzeit : 60 Minuten

Portionen: 4

Schwierigkeitsgrad : Durchschnitt

Zutaten:

- 2 Esslöffel natives Olivenöl extra
- 1 große Aubergine (1 Pfund), klein gewürfelt
- 2 Karotten, geschält und klein gewürfelt
- 2 Stangen Sellerie, klein gewürfelt
- 1 Zwiebel, klein gewürfelt
- ½ Teelöffel koscheres Salz
- 3 Knoblauchzehen, gehackt
- ¼ Teelöffel frisch gemahlener schwarzer Pfeffer
- 1 Tasse Vollkorn-Orzo
- 1 Teelöffel Tomatenmark ohne Salzzusatz
- 1½ Tassen Gemüsebrühe ohne Salzzusatz
- 1 Tasse Mangold, entstielt und klein gehackt
- 2 EL frischer Oregano, gehackt
- Schale von 1 Zitrone
- 4 Unzen Mozzarella-Käse, klein gewürfelt
- ¼ Tasse geriebener Parmesankäse
- 2 Tomaten, ½ cm dick in Scheiben geschnitten

Richtungen:

Den Backofen auf 400 °C vorheizen. Das Olivenöl in einer großen ofenfesten Bratpfanne bei mittlerer Hitze anbraten. Auberginen, Karotten, Sellerie, Zwiebel und Salz hinzufügen und etwa 10 Minuten anbraten. Knoblauch und schwarzen Pfeffer hinzufügen und etwa 30 Sekunden anbraten. Orzo und Tomatenmark hinzufügen und 1 Minute anbraten. Die Gemüsebrühe einrühren und die Pfanne ablöschen, dabei die braunen Stücke auskratzen. Mangold, Oregano und Zitronenschale hinzufügen und rühren, bis der Mangold zusammenfällt.

Herausnehmen und den Mozzarella-Käse hineingeben. Die Oberseite der Orzo-Mischung glatt streichen. Den Parmesankäse darüberstreuen. Die Tomaten in einer einzigen Schicht auf dem Parmesankäse verteilen. 45 Minuten backen.

Ernährung (für 100g): 470 Kalorien 17 g Fett 7 g Kohlenhydrate 18 g Protein 769 mg Natrium

Gerstenrisotto mit Tomaten

Zubereitungszeit: 20 Minuten

Kochzeit : 45 Minuten

Portionen: 4

Schwierigkeitsgrad : Durchschnitt

Zutaten:

- 2 Esslöffel natives Olivenöl extra
- 2 Stangen Sellerie, gewürfelt
- ½ Tasse Schalotten, gewürfelt
- 4 Knoblauchzehen, gehackt
- 3 Tassen Gemüsebrühe ohne Salzzusatz
- 1 (14,5-Unzen) Dose gewürfelte Tomaten ohne Salzzusatz
- 1 (14,5-Unzen) Dose ohne Salzzusatz zerdrückte Tomaten
- 1 Tasse Graupen
- Schale von 1 Zitrone
- 1 Teelöffel koscheres Salz
- ½ Teelöffel geräucherter Paprika
- ¼ Teelöffel rote Paprikaflocken
- ¼ Teelöffel frisch gemahlener schwarzer Pfeffer
- 4 Thymianzweige
- 1 getrocknetes Lorbeerblatt
- 2 Tassen Babyspinat
- ½ Tasse zerbröckelter Feta-Käse
- 1 Esslöffel frischer Oregano, gehackt

- 1 Esslöffel Fenchelsamen, geröstet (optional)

Richtungen:

Das Olivenöl in einem großen Topf bei mittlerer Hitze kochen. Sellerie und Schalotten dazugeben und etwa 4 bis 5 Minuten anbraten. Knoblauch dazugeben und 30 Sekunden anbraten. Gemüsebrühe, Tomatenwürfel, zerdrückte Tomaten, Gerste, Zitronenschale, Salz, Paprika, rote Paprikaflocken, schwarzen Pfeffer, Thymian und das Lorbeerblatt dazugeben und gut vermischen. Aufkochen lassen, dann auf niedrig stellen und köcheln lassen. Unter gelegentlichem Rühren 40 Minuten kochen lassen.

Lorbeerblatt und Thymianzweige entfernen. Spinat unterrühren. In einer kleinen Schüssel Feta, Oregano und Fenchelsamen vermischen. Das Gerstenrisotto in Schüsseln mit der Feta-Mischung servieren.

Ernährung (für 100g): 375 Kalorien 12 g Fett 13 g Kohlenhydrate 11 g Protein 799 mg Natrium

Kichererbsen und Grünkohl mit würziger Pomodoro-Sauce

Zubereitungszeit: 10 Minuten

Kochzeit : 35 Minuten

Portionen: 4

Schwierigkeitsgrad: Leicht

Zutaten:

- 2 Esslöffel natives Olivenöl extra
- 4 Knoblauchzehen, in Scheiben geschnitten
- 1 Teelöffel rote Paprikaflocken
- 1 (28-Unzen) Dose ohne Salzzusatz zerdrückte Tomaten
- 1 Teelöffel koscheres Salz
- ½ Teelöffel Honig
- 1 Bund Grünkohl, entstielt und gehackt
- 2 (15-Unzen) Dosen Kichererbsen mit niedrigem Natriumgehalt, abgetropft und gespült
- ¼ Tasse frisches Basilikum, gehackt
- ¼ Tasse geriebener Pecorino Romano-Käse

Richtungen:

Das Olivenöl in einer Bratpfanne bei mittlerer Hitze anbraten. Knoblauch und rote Paprikaflocken einrühren und ca. 2 Minuten anbraten, bis der Knoblauch leicht goldbraun ist. Tomaten, Salz und Honig dazugeben und gut vermischen. Die Hitze auf niedrige Stufe reduzieren und 20 Minuten köcheln lassen.

Den Grünkohl dazugeben und gut vermischen. Etwa 5 Minuten kochen. Die Kichererbsen dazugeben und etwa 5 Minuten köcheln lassen. Vom Herd nehmen und das Basilikum einrühren. Mit Pecorino-Käse bestreut servieren.

Ernährung (für 100g): 420 Kalorien 13 g Fett 12 g Kohlenhydrate 20 g Protein 882 mg Natrium

Gebratener Feta mit Grünkohl und Zitronenjoghurt

Zubereitungszeit: 15 Minuten

Kochzeit : 20 Minuten

Portionen: 4

Schwierigkeitsgrad : Durchschnitt

Zutaten:

- 1 Esslöffel natives Olivenöl extra
- 1 Zwiebel, julienned
- ¼ Teelöffel koscheres Salz
- 1 Teelöffel gemahlene Kurkuma
- ½ Teelöffel gemahlener Kreuzkümmel
- ½ Teelöffel gemahlener Koriander
- ¼ Teelöffel frisch gemahlener schwarzer Pfeffer
- 1 Bund Grünkohl, entstielt und gehackt
- 7-Unzen-Block-Feta-Käse, in ¼-Zoll-dicke Scheiben geschnitten
- ½ Tasse griechischer Naturjoghurt
- 1 Esslöffel Zitronensaft

Richtungen:

Den Backofen auf 400 °C vorheizen. Das Olivenöl in einer großen ofenfesten Pfanne oder Bratpfanne bei mittlerer Hitze anbraten. Fügen Sie die Zwiebel und das Salz hinzu; sautieren, bis sie leicht goldbraun sind, etwa 5 Minuten. Fügen Sie Kurkuma,

Kreuzkümmel, Koriander und schwarzen Pfeffer hinzu; 30 Sekunden anbraten. Den Grünkohl dazugeben und etwa 2 Minuten anbraten. Fügen Sie ½ Tasse Wasser hinzu und kochen Sie den Grünkohl etwa 3 Minuten weiter.

Vom Herd nehmen und die Feta-Käsescheiben auf die Grünkohlmischung legen. In den Ofen geben und backen, bis der Feta weich wird, 10 bis 12 Minuten. In einer kleinen Schüssel Joghurt und Zitronensaft vermischen. Den Grünkohl und den Feta-Käse mit Zitronenjoghurt servieren.

Ernährung (für 100g): 210 Kalorien 14 g Fett 2 g Kohlenhydrate 11 g Protein 836 mg Natrium

Gebratene Auberginen und Kichererbsen mit Tomatensauce

Zubereitungszeit: 15 Minuten

Kochzeit : 60 Minuten

Portionen: 4

Schwierigkeitsgrad: Schwer D

Zutaten:

- Olivenöl Kochspray
- 1 große (etwa 1 Pfund) Aubergine, in ¼ Zoll dicke Runden geschnitten
- 1 Teelöffel koscheres Salz, geteilt
- 1 Esslöffel natives Olivenöl extra
- 3 Knoblauchzehen, gehackt
- 1 (28-Unzen) Dose ohne Salzzusatz zerdrückte Tomaten
- ½ Teelöffel Honig
- ¼ Teelöffel frisch gemahlener schwarzer Pfeffer
- 2 Esslöffel frisches Basilikum, gehackt
- 1 (15-Unzen) Dose Kichererbsen ohne Salzzusatz oder mit niedrigem Natriumgehalt, abgetropft und gespült
- ¾ Tasse zerbröckelter Feta-Käse
- 1 Esslöffel frischer Oregano, gehackt

Richtungen:

Den Backofen auf 425 °C vorheizen. Zwei Backbleche einfetten und mit Folie auslegen und leicht mit Olivenöl-Kochspray einsprühen. Die Auberginen in einer einzigen Schicht verteilen und mit ½ Teelöffel Salz bestreuen. 20 Minuten backen, dabei einmal zur Hälfte wenden, bis sie leicht goldbraun sind.

In der Zwischenzeit das Olivenöl in einem großen Topf bei mittlerer Hitze erhitzen. Den Knoblauch untermischen und 30 Sekunden anbraten. Fügen Sie die zerdrückten Tomaten, den Honig, den restlichen ½ Teelöffel Salz und den schwarzen Pfeffer hinzu. Etwa 20 Minuten köcheln lassen, bis die Sauce etwas reduziert und eindickt. Basilikum einrühren.

Nachdem Sie die Aubergine aus dem Ofen genommen haben, reduzieren Sie die Ofentemperatur auf 375°F. In einer großen rechteckigen oder ovalen Auflaufform die Kichererbsen und 1 Tasse Sauce löffeln. Legen Sie die Auberginenscheiben darauf und überlappen Sie sie nach Bedarf, um die Kichererbsen zu bedecken. Die restliche Sauce auf die Auberginen legen. Feta und Oregano darüberstreuen.

Die Auflaufform mit Folie umwickeln und 15 Minuten backen. Folie herausziehen und weitere 15 Minuten backen.

Ernährung (für 100g): 320 Kalorien 11g Fett 12g Kohlenhydrate 14g Protein 773mg Natrium

Gebackene Falafel-Slider

Zubereitungszeit: 10 Minuten

Kochzeit : 30 Minuten

Portionen: 6

Schwierigkeitsgrad : Durchschnitt

Zutaten:

- Olivenöl Kochspray
- 1 (15-Unzen) Dose natriumarme Kichererbsen, abgetropft und gespült
- 1 Zwiebel, grob gehackt
- 2 Knoblauchzehen, geschält
- 2 EL frische Petersilie, gehackt
- 2 Esslöffel Vollkornmehl
- ½ Teelöffel gemahlener Koriander
- ½ Teelöffel gemahlener Kreuzkümmel
- ½ Teelöffel Backpulver
- ½ Teelöffel koscheres Salz
- ¼ Teelöffel frisch gemahlener schwarzer Pfeffer

Richtungen:

Heizen Sie den Ofen auf 350 ° F vor. Legen Sie Pergamentpapier oder Folie und besprühen Sie das Backblech leicht mit Olivenöl-Kochspray.

In einer Küchenmaschine Kichererbsen, Zwiebeln, Knoblauch, Petersilie, Mehl, Koriander, Kreuzkümmel, Backpulver, Salz und schwarzen Pfeffer untermischen. Mixen, bis es glatt ist.

Machen Sie 6 Slider-Patties mit jeweils einer gehäuften ¼ Tasse Mischung und ordnen Sie sie auf dem vorbereiteten Backblech an. 30 Minuten backen. Dienen.

Ernährung (für 100g): 90 Kalorien 1g Fett 3g Kohlenhydrate 4g Protein 803mg Natrium

Portobello Caprese

Zubereitungszeit: 15 Minuten

Kochzeit : 30 Minuten

Portionen: 2

Schwierigkeitsgrad: Schwer D

Zutaten:

- 1 Esslöffel Olivenöl
- 1 Tasse Kirschtomaten
- Salz und schwarzer Pfeffer nach Geschmack
- 4 große frische Basilikumblätter, in dünne Scheiben geschnitten, geteilt
- 3 mittelgroße Knoblauchzehen, gehackt
- 2 große Portobello-Pilze, Stiele entfernt
- 4 Stück Mini-Mozzarella-Kugeln
- 1 EL Parmesankäse, gerieben

Richtungen:

Bereiten Sie den Ofen auf 180 °C vor. Eine Auflaufform mit Olivenöl einfetten. 1 Esslöffel Olivenöl in eine beschichtete Pfanne träufeln und bei mittlerer bis hoher Hitze erhitzen. Die Tomaten in die Pfanne geben und mit Salz und schwarzem Pfeffer würzen. Stechen Sie während des Kochens einige Löcher in die Tomaten, um den Saft zu erhalten. Den Deckel auflegen und die Tomaten 10 Minuten kochen oder bis sie weich sind.

Reservieren Sie 2 Teelöffel Basilikum und geben Sie das restliche Basilikum und den Knoblauch in die Pfanne. Die Tomaten mit einem Spatel zerdrücken, dann eine halbe Minute kochen. Während des Kochens ständig umrühren. Beiseite legen. Die Champignons mit der Deckelseite nach unten in die Auflaufform legen und mit Salz und schwarzem Pfeffer abschmecken.

Die Tomatenmischung und die Mozzarellakugeln auf die Kiemen der Champignons geben, dann mit Parmesan bestreuen, um sie gut zu bestreichen. Backen, bis die Pilze gabelzart und der Käse gebräunt ist. Die gefüllten Champignons aus dem Ofen nehmen und mit Basilikum servieren.

Ernährung (für 100g): 285 Kalorien 21,8 g Fett 2,1 g Kohlenhydrate 14,3 g Protein 823 mg Natrium

Mit Pilzen und Käse gefüllte Tomaten

Zubereitungszeit: 15 Minuten

Kochzeit : 20 Minuten

Portionen: 4

Schwierigkeitsgrad : Durchschnitt

Zutaten:

- 4 große reife Tomaten
- 1 Esslöffel Olivenöl
- ½ Pfund (454 g) weiße oder Cremini-Pilze, in Scheiben geschnitten
- 1 Esslöffel frisches Basilikum, gehackt
- ½ Tasse gelbe Zwiebel, gewürfelt
- 1 Esslöffel frischer Oregano, gehackt
- 2 Knoblauchzehen, gehackt
- ½ Teelöffel Salz
- ¼ Teelöffel frisch gemahlener schwarzer Pfeffer
- 1 Tasse teilentrahmter Mozzarella-Käse, gerieben
- 1 EL Parmesankäse, gerieben

Richtungen:

Bereiten Sie den Ofen auf 375 ° F (190 ° C) vor. Schneiden Sie von jeder Tomate eine ½-Zoll-Scheibe ab. Schaufeln Sie das Fruchtfleisch in eine Schüssel und lassen Sie ½-Zoll-Tomatenschalen. Die Tomaten auf einem mit Alufolie ausgelegten

Backblech anrichten. Das Olivenöl in einer beschichteten Pfanne
bei mittlerer Hitze erhitzen.

Champignons, Basilikum, Zwiebel, Oregano, Knoblauch, Salz und
schwarzen Pfeffer in die Pfanne geben und 5 Minuten anbraten.

Gießen Sie die Mischung in die Tomatenmarkschüssel, fügen Sie
dann den Mozzarella-Käse hinzu und rühren Sie gut um. Die
Mischung in jede Tomatenschale geben und mit einer Schicht
Parmesan bedecken. Im vorgeheizten Ofen 15 Minuten backen
oder bis der Käse sprudelt und die Tomaten weich sind. Die
gefüllten Tomaten aus dem Ofen nehmen und warm servieren.

Ernährung (für 100g): 254 Kalorien 14,7 g Fett 5,2 g
Kohlenhydrate 17,5 g Protein 783 mg Natrium

Tabouleh

Zubereitungszeit: 15 Minuten

Kochzeit : 5 Minuten

Portionen: 6

Schwierigkeitsgrad : Durchschnitt

Zutaten:

- 4 EL Olivenöl, geteilt
- 4 Tassen geriebenen Blumenkohl
- 3 Knoblauchzehen, fein gehackt
- Salz und schwarzer Pfeffer nach Geschmack
- ½ große Gurke, geschält, entkernt und gehackt
- ½ Tasse italienische Petersilie, gehackt
- Saft von 1 Zitrone
- 2 Esslöffel gehackte rote Zwiebel
- ½ Tasse Minzblätter, gehackt
- ½ Tasse entsteinte Kalamata-Oliven, gehackt
- 1 Tasse Kirschtomaten, geviertelt
- 2 Tassen Baby Rucola oder Spinatblätter
- 2 mittelgroße Avocados, geschält, entkernt und gewürfelt

Richtungen:

2 EL Olivenöl in einer beschichteten Pfanne bei mittlerer Hitze erwärmen. Reisblumenkohl, Knoblauch, Salz und schwarzen Pfeffer in die Pfanne geben und 3 Minuten anbraten, bis sie duften. Übertragen Sie sie in eine große Schüssel.

Gurke, Petersilie, Zitronensaft, rote Zwiebel, Minze, Oliven und restliches Olivenöl in die Schüssel geben. Toss, um sich gut zu kombinieren. Die Schüssel mindestens 30 Minuten im Kühlschrank aufbewahren.

Nehmen Sie die Schüssel aus dem Kühlschrank. Kirschtomaten, Rucola, Avocado in die Schüssel geben. Gut würzen und gut vermischen. Gekühlt servieren.

Ernährung (für 100g): 198 Kalorien 17,5 g Fett 6,2 g Kohlenhydrate 4,2 g Protein 773 mg Natrium

Würzige Brokkoli Rabe und Artischockenherzen

Vorbereitungszeit: 5 Minuten

Kochzeit : 15 Minuten

Portionen: 4

Schwierigkeitsgrad : Durchschnitt

Zutaten:

- 3 EL Olivenöl, geteilt

- 2 Pfund (907 g) frischer Brokkoli Rabe

- 3 Knoblauchzehen, fein gehackt

- 1 Teelöffel rote Paprikaflocken

- 1 Teelöffel Salz, plus mehr nach Geschmack

- 13,5 Unzen (383 g) Artischockenherzen

- 1 Esslöffel Wasser

- 2 Esslöffel Rotweinessig

- Frisch gemahlener schwarzer Pfeffer, nach Geschmack

Richtungen:

Erwärmen Sie 2 Esslöffel Olivenöl in einer beschichteten Pfanne über einer mittelhohen Pfanne. Brokkoli, Knoblauch, Paprikaflocken und Salz in die Pfanne geben und 5 Minuten anbraten, bis der Brokkoli weich ist.

Die Artischockenherzen in die Pfanne geben und weitere 2 Minuten braten, bis sie weich sind. Wasser in die Pfanne geben und die Hitze auf niedrig stellen. Deckel auflegen und 5 Minuten köcheln lassen. In der Zwischenzeit den Essig und 1 EL Olivenöl in einer Schüssel vermischen.

Den gekochten Brokkoli und die Artischocken mit Ölessig beträufeln und mit Salz und schwarzem Pfeffer bestreuen. Vor dem Servieren gut vermischen.

Ernährung (für 100g): 272 Kalorien 21,5 g Fett 9,8 g Kohlenhydrate 11,2 g Protein 736 mg Natrium

Shakshuka

Zubereitungszeit: 10 Minuten

Kochzeit : 25 Minuten

Portionen: 4

Schwierigkeitsgrad: Schwer D

Zutaten:

- 5 EL Olivenöl, geteilt
- 1 rote Paprika, fein gewürfelt
- ½ kleine gelbe Zwiebel, fein gewürfelt
- 14 Unzen (397 g) zerdrückte Tomaten, mit Säften
- 170 g gefrorener Spinat, aufgetaut und ohne überschüssige Flüssigkeit
- 1 Teelöffel geräucherter Paprika
- 2 Knoblauchzehen, fein gehackt
- 2 Teelöffel rote Paprikaflocken
- 1 Esslöffel Kapern, grob gehackt
- 1 Esslöffel Wasser
- 6 große Eier
- ¼ Teelöffel frisch gemahlener schwarzer Pfeffer
- ¾ Tasse Feta- oder Ziegenkäse, zerbröckelt
- ¼ Tasse frische glatte Petersilie oder Koriander, gehackt

Richtungen:

Bereiten Sie den Ofen auf 300ºF (150ºC) vor. 2 EL Olivenöl in einer ofenfesten Pfanne bei mittlerer Hitze erhitzen. Die Paprika und die

Zwiebel in der Pfanne anbraten, bis die Zwiebel glasig und die Paprika weich ist.

Tomaten und Säfte, Spinat, Paprika, Knoblauch, Paprikaflocken, Kapern, Wasser und 2 EL Olivenöl in die Pfanne geben. Gut umrühren und zum Kochen bringen. Die Hitze auf eine niedrige Stufe reduzieren, dann den Deckel auflegen und 5 Minuten köcheln lassen.

Die Eier über der Sauce aufschlagen, zwischen den einzelnen Eiern etwas Platz lassen, das Ei intakt lassen und mit frisch gemahlenem schwarzem Pfeffer bestreuen. Kochen, bis die Eier den richtigen Gargrad erreicht haben.

Den Käse über die Eier und die Sauce streuen und im vorgeheizten Ofen 5 Minuten backen oder bis der Käse schaumig und goldbraun ist. Mit dem restlichen 1 EL Olivenöl beträufeln und die Petersilie darauf verteilen, bevor sie warm serviert wird.

Ernährung (für 100g): 335 Kalorien 26,5 g Fett 5 g Kohlenhydrate 16,8 g Protein 736 mg Natrium

Spanakopita

Zubereitungszeit: 15 Minuten

Kochzeit : 50 Minuten

Portionen: 6

Schwierigkeitsgrad: Schwer D

Zutaten:

- 6 EL Olivenöl, geteilt
- 1 kleine gelbe Zwiebel, gewürfelt
- 4 Tassen gefrorener gehackter Spinat
- 4 Knoblauchzehen, gehackt
- ½ Teelöffel Salz
- ½ Teelöffel frisch gemahlener schwarzer Pfeffer
- 4 große Eier, geschlagen
- 1 Tasse Ricotta-Käse
- ¾ Tasse Fetakäse, zerbröckelt
- ¼ Tasse Pinienkerne

Richtungen:

Auflaufform mit 2 EL Olivenöl einfetten. Organisieren Sie den Ofen bei 375 Grad F. Erhitzen Sie 2 Esslöffel Olivenöl in einer beschichteten Pfanne bei mittlerer bis hoher Hitze. Die Zwiebel in die Pfanne geben und 6 Minuten anbraten, bis sie durchscheinend und zart ist.

Spinat, Knoblauch, Salz und schwarzen Pfeffer in die Pfanne geben und weitere 5 Minuten anbraten. Legen Sie sie in eine Schüssel und stellen Sie sie beiseite. Kombinieren Sie die geschlagenen Eier und den Ricotta-Käse in einer separaten Schüssel und gießen Sie sie dann in die Schüssel mit der Spinatmischung. Umrühren, um sich gut zu vermischen.

Füllen Sie die Mischung in die Auflaufform und kippen Sie die Form, damit die Mischung den Boden gleichmäßig bedeckt. Backen, bis es anfängt fest zu werden. Die Auflaufform aus dem Ofen nehmen und den Fetakäse und die Pinienkerne darauf verteilen, dann mit den restlichen 2 EL Olivenöl beträufeln.

Die Auflaufform wieder in den Ofen stellen und weitere 15 Minuten backen oder bis die Oberseite goldbraun ist. Nehmen Sie das Gericht aus dem Ofen. Die Spanakopita einige Minuten abkühlen lassen und zum Servieren in Scheiben schneiden.

Ernährung (für 100g): 340 Kalorien 27,3 g Fett 10,1 g Kohlenhydrate 18,2 g Protein 781 mg Natrium

Tagine

Zubereitungszeit: 20 Minuten

Kochzeit : 60 Minuten

Portionen: 6

Schwierigkeitsgrad : Durchschnitt

Zutaten:

- ½ Tasse Olivenöl
- 6 Selleriestangen, in ¼-Zoll-Halbmonde geschnitten
- 2 mittelgroße gelbe Zwiebeln, in Scheiben geschnitten
- 1 Teelöffel gemahlener Kreuzkümmel
- ½ Teelöffel gemahlener Zimt
- 1 Teelöffel Ingwerpulver
- 6 Knoblauchzehen, gehackt
- ½ Teelöffel Paprika
- 1 Teelöffel Salz
- ¼ Teelöffel frisch gemahlener schwarzer Pfeffer
- 2 Tassen natriumarme Gemüsebrühe
- 2 mittelgroße Zucchini, in ½ Zoll dicke Halbkreise geschnitten
- 2 Tassen Blumenkohl, in Röschen geschnitten
- 1 mittelgroße Aubergine, in 2,5 cm große Würfel geschnitten
- 1 Tasse grüne Oliven, halbiert und entkernt
- 13,5 Unzen (383 g) Artischockenherzen, abgetropft und geviertelt
- ½ Tasse gehackte frische Korianderblätter zum Garnieren

- ½ Tasse griechischer Naturjoghurt zum Garnieren

- ½ Tasse gehackte frische glatte Petersilie zum Garnieren

Richtungen:

Das Olivenöl in einem Suppentopf bei mittlerer Hitze kochen. Sellerie und Zwiebel in den Topf geben und 6 Minuten anbraten. Kreuzkümmel, Zimt, Ingwer, Knoblauch, Paprika, Salz und schwarzen Pfeffer in den Topf geben und weitere 2 Minuten anbraten, bis sie aromatisch sind.

Die Gemüsebrühe in den Topf geben und aufkochen. Reduzieren Sie die Hitze auf niedrig und fügen Sie die Zucchini, den Blumenkohl und die Aubergine hinzu. Zugedeckt 30 Minuten köcheln lassen oder bis das Gemüse weich ist. Dann die Oliven und Artischockenherzen in den Pool geben und weitere 15 Minuten köcheln lassen. Füllen Sie sie in eine große Servierschüssel oder eine Tagine und servieren Sie sie mit Koriander, griechischem Joghurt und Petersilie.

Ernährung (für 100g): 312 Kalorien 21,2 g Fett 9,2 g Kohlenhydrate 6,1 g Protein 813 mg Natrium

Zitrus-Pistazien und Spargel

Zubereitungszeit: 10 Minuten

Kochzeit : 10 Minuten

Portionen: 4

Schwierigkeitsgrad: Schwer D

Zutaten:

- Schale und Saft von 2 Clementinen oder 1 Orange
- Schale und Saft von 1 Zitrone
- 1 Esslöffel Rotweinessig
- 3 Esslöffel natives Olivenöl extra, geteilt
- 1 Teelöffel Salz, geteilt
- ¼ Teelöffel frisch gemahlener schwarzer Pfeffer
- ½ Tasse Pistazien, geschält
- 1 Pfund (454 g) frischer Spargel, getrimmt
- 1 Esslöffel Wasser

Richtungen:

Mischen Sie die Schale und den Saft von Clementine und Zitrone, Essig, 2 Esslöffel Olivenöl, ½ Teelöffel Salz und schwarzen Pfeffer. Umrühren, um sich gut zu vermischen. Beiseite legen.

Die Pistazien in einer beschichteten Pfanne bei mittlerer Hitze 2 Minuten lang goldbraun rösten. Die gerösteten Pistazien auf eine saubere Arbeitsfläche geben und grob hacken. Mischen Sie die Pistazien mit der Zitrusmischung. Beiseite legen.

Das restliche Olivenöl in der beschichteten Pfanne bei mittlerer Hitze erhitzen. Den Spargel in die Pfanne geben und 2 Minuten anbraten, dann mit restlichem Salz würzen. Geben Sie das Wasser in die Pfanne. Stellen Sie die Hitze auf eine niedrige Stufe und setzen Sie den Deckel auf. 4 Minuten köcheln lassen, bis der Spargel weich ist.

Nehmen Sie den Spargel aus der Pfanne in eine große Schüssel. Gießen Sie die Zitrus-Pistazien-Mischung über den Spargel. Vor dem Servieren gut bestreichen.

Ernährung (für 100g): 211 Kalorien 17,5 g Fett 3,8 g Kohlenhydrate 5,9 g Protein 901 mg Natrium

Mit Tomaten und Petersilie gefüllte Auberginen

Zubereitungszeit: 15 Minuten

Kochzeit : 2 Stunden und 10 Minuten

Portionen: 6

Schwierigkeitsgrad : Durchschnitt

Zutaten:

- ¼ Tasse natives Olivenöl extra
- 3 kleine Auberginen, längs halbiert
- 1 Teelöffel Meersalz
- ½ Teelöffel frisch gemahlener schwarzer Pfeffer
- 1 große gelbe Zwiebel, fein gehackt
- 4 Knoblauchzehen, gehackt
- 15 Unzen (425 g) gewürfelte Tomaten, mit dem Saft
- ¼ Tasse frische glatte Petersilie, fein gehackt

Richtungen:

Setzen Sie den Einsatz des Slow Cookers mit 2 Esslöffeln Olivenöl ein. Schneiden Sie einige Schlitze in die Schnittseite jeder Auberginenhälfte, lassen Sie zwischen jedem Schlitz einen Abstand von ¼ Zoll. Legen Sie die Auberginenhälften mit der Hautseite nach unten in den Slow Cooker. Mit Salz und schwarzem Pfeffer bestreuen.

Das restliche Olivenöl in einer beschichteten Pfanne bei mittlerer Hitze erwärmen. Zwiebel und Knoblauch in die Pfanne geben und 3 Minuten anbraten, bis die Zwiebel glasig ist.

Petersilie und Tomaten mit dem Saft in die Pfanne geben und mit Salz und schwarzem Pfeffer bestreuen. Weitere 5 Minuten anbraten oder bis sie weich sind. Die Mischung in der Pfanne auf die Auberginenhälften verteilen und löffeln.

Setzen Sie den Deckel des Slow Cookers auf und kochen Sie ihn 2 Stunden lang auf HIGH, bis die Aubergine weich ist. Die Auberginen auf einen Teller geben und vor dem Servieren einige Minuten abkühlen lassen.

Ernährung (für 100g): 455 Kalorien 13g Fett 14g Kohlenhydrate 14g Protein 719mg Natrium

Ratatouille

Zubereitungszeit: 15 Minuten

Kochzeit: 7 Stunden

Portionen: 6

Schwierigkeitsgrad : Durchschnitt

Zutaten:

- 3 Esslöffel natives Olivenöl extra
- 1 große Aubergine, ungeschält, in Scheiben geschnitten
- 2 große Zwiebeln, in Scheiben geschnitten
- 4 kleine Zucchini, in Scheiben geschnitten
- 2 grüne Paprika
- 6 große Tomaten, in ½-Zoll-Wedges geschnitten
- 2 Esslöffel frische glatte Petersilie, gehackt
- 1 Teelöffel getrocknetes Basilikum
- 2 Knoblauchzehen, gehackt
- 2 Teelöffel Meersalz
- ¼ Teelöffel frisch gemahlener schwarzer Pfeffer

Richtung:

Füllen Sie den Einsatz des Slow Cookers mit 2 EL Olivenöl. Ordnen Sie die Gemüsescheiben, -streifen und -keile abwechselnd im Einsatz des Slow Cookers an. Die Petersilie auf dem Gemüse verteilen und mit Basilikum, Knoblauch, Salz und schwarzem Pfeffer würzen. Mit dem restlichen Olivenöl beträufeln. Schließen und 7 Stunden auf LOW kochen, bis das Gemüse zart ist. Das Gemüse auf einen Teller geben und warm servieren.

Ernährung (für 100g): 265 Kalorien 1,7 g Fett 13,7 g Kohlenhydrate 8,3 g Protein 800 mg Natrium

Gemista

Zubereitungszeit: 15 Minuten

Kochzeit: 4 Stunden

Portionen: 4

Schwierigkeitsgrad : Durchschnitt

Zutaten:

- 2 Esslöffel natives Olivenöl extra
- 4 große Paprikaschoten, beliebige Farbe
- ½ Tasse ungekochter Couscous
- 1 Teelöffel Oregano
- 1 Knoblauchzehe, gehackt
- 1 Tasse zerbröckelter Feta-Käse
- 1 (15-Unzen / 425-g) Dose Cannellini-Bohnen, gespült und abgetropft
- Salz und Pfeffer nach Geschmack
- 1 Zitronenspalten
- 4 Frühlingszwiebeln, weiße und grüne Teile getrennt, in dünne Scheiben geschnitten

Richtung:

Schneiden Sie eine ½-Zoll-Scheibe unterhalb des Stiels von der Oberseite der Paprika ab. Entsorgen Sie nur den Stiel und hacken Sie den in Scheiben geschnittenen oberen Teil unter dem Stiel und bewahren Sie ihn in einer Schüssel auf. Die Paprika mit einem Löffel aushöhlen. Fetten Sie den Slow Cooker mit Öl ein.

Die restlichen Zutaten, mit Ausnahme der grünen Teile der Frühlingszwiebel und Zitronenspalten, in die Schüssel mit der gehackten Paprika geben. Umrühren, um sich gut zu vermischen. Die Mischung in die ausgehöhlte Paprika geben und die gefüllten Paprika im Slow Cooker anrichten, dann mit mehr Olivenöl beträufeln.

Schließen Sie den Deckel des Slow Cookers und kochen Sie ihn 4 Stunden lang auf HIGH oder bis die Paprika weich sind.

Die Paprika aus dem Slow Cooker nehmen und auf einem Teller servieren. Mit grünen Teilen der Frühlingszwiebeln bestreuen und vor dem Servieren die Zitronenspalten darüber pressen.

Ernährung (für 100g): 246 Kalorien 9 g Fett 6,5 g Kohlenhydrate 11,1 g Protein 698 mg Natrium

Kohlrouladen

Zubereitungszeit: 15 Minuten

Kochzeit: 2 Stunden

Portionen: 4

Schwierigkeitsgrad: Schwer D

Zutaten:

- 4 EL Olivenöl, geteilt
- 1 großer Kopf Grünkohl, entkernt
- 1 große gelbe Zwiebel, gehackt
- 3 Unzen (85 g) Feta-Käse, zerbröckelt
- ½ Tasse getrocknete Johannisbeeren
- 3 Tassen gekochte Graupen
- 2 Esslöffel frische glatte Petersilie, gehackt
- 2 EL Pinienkerne, geröstet
- ½ Teelöffel Meersalz
- ½ Teelöffel schwarzer Pfeffer
- 15 Unzen (425 g) zerdrückte Tomaten, mit dem Saft
- 1 Esslöffel Apfelessig
- ½ Tasse Apfelsaft

Richtungen:

Bürsten Sie den Einsatz des Slow Cookers mit 2 EL Olivenöl ab. Den Kohl in einem Topf mit Wasser 8 Minuten blanchieren. Aus dem Wasser nehmen und beiseite stellen, dann 16 Blätter vom Kohl trennen. Beiseite legen.

Das restliche Olivenöl in eine beschichtete Pfanne träufeln und bei mittlerer Hitze erhitzen. Die Zwiebel in die Pfanne geben und braten, bis die Zwiebel und die Paprika weich sind. Übertragen Sie die Zwiebel in eine Schüssel.

Feta, Johannisbeeren, Gerste, Petersilie und Pinienkerne in die Schüssel mit den gekochten Zwiebeln geben und mit ¼ Teelöffel Salz und ¼ Teelöffel schwarzem Pfeffer bestreuen.

Die Kohlblätter auf einer sauberen Arbeitsfläche anrichten. 1/3 Tasse der Mischung in die Mitte jedes Tellers geben, dann den Rand auf die Mischung falten und aufrollen. Legen Sie die Kohlrouladen mit der Nahtseite nach unten in den Slow Cooker.

Die restlichen Zutaten in eine separate Schüssel geben und die Mischung über die Kohlrouladen gießen. Schließen Sie den Deckel des Slow Cookers und kochen Sie ihn 2 Stunden lang auf HIGH. Die Kohlrouladen aus dem Slow Cooker nehmen und warm servieren.

Ernährung (für 100g): 383 Kalorien 14,7 g Fett 12,9 g Kohlenhydrate 10,7 g Protein 838 mg Natrium

Rosenkohl mit Balsamico-Glasur

Zubereitungszeit: 15 Minuten

Kochzeit: 2 Stunden

Portionen: 6

Schwierigkeitsgrad : Durchschnitt

Zutaten:

- Balsamico-Glasur:
- 1 Tasse Balsamico-Essig
- ¼ Tasse Honig
- 2 Esslöffel natives Olivenöl extra
- 2 Pfund (907 g) Rosenkohl, getrimmt und halbiert
- 2 Tassen natriumarme Gemüsesuppe
- 1 Teelöffel Meersalz
- Frisch gemahlener schwarzer Pfeffer, nach Geschmack
- ¼ Tasse Parmesankäse, gerieben
- ¼ Tasse Pinienkerne

Richtungen:

Balsamico-Glasur herstellen: Balsamico-Essig und Honig in einem Topf mischen. Umrühren, um sich gut zu vermischen. Bei mittlerer Hitze zum Kochen bringen. Stellen Sie die Hitze auf eine niedrige Stufe und lassen Sie sie 20 Minuten köcheln, bis sich die Glasur halbiert und eine dicke Konsistenz hat. Geben Sie etwas Olivenöl in den Einsatz des Slow Cookers.

Rosenkohl, Gemüsesuppe und ½ Teelöffel Salz in den Slow Cooker geben und verrühren. Schließen Sie den Deckel des Slow Cookers und kochen Sie ihn 2 Stunden lang auf HIGH, bis der Rosenkohl weich ist.

Den Rosenkohl auf einen Teller geben und mit dem restlichen Salz und schwarzem Pfeffer würzen. Die Balsamico-Glasur über den Rosenkohl streichen und mit Parmesan und Pinienkernen servieren.

Ernährung (für 100g): 270 Kalorien 10,6 g Fett 6,9 g Kohlenhydrate 8,7 g Protein 693 mg Natrium

Spinatsalat mit Zitrusvinaigrette

Zubereitungszeit: 10 Minuten

Kochzeit : 0 Minuten

Portionen: 4

Schwierigkeitsgrad: Leicht

Zutaten:

- Zitrus-Vinaigrette:
- ¼ Tasse natives Olivenöl extra
- 3 Esslöffel Balsamico-Essig
- ½ Teelöffel frische Zitronenschale
- ½ Teelöffel Salz
- Salat:
- 1 Pfund (454 g) Babyspinat, gewaschen, Stiele entfernt
- 1 große reife Tomate, in ¼-Zoll-Stücke geschnitten
- 1 mittelgroße rote Zwiebel, in dünre Scheiben geschnitten

Richtungen:

Die Zitrus-Vinaigrette herstellen: Olivenöl, Balsamico-Essig, Zitronenschale und Salz in einer Schüssel gut verrühren.

Salat zubereiten: Babyspinat, Tomate und Zwiebeln in eine separate Salatschüssel geben. Die Zitrus-Vinaigrette über den Salat geben und vorsichtig schwenken, bis das Gemüse vollständig bedeckt ist.

Ernährung (für 100g): 173 Kalorien 14,2 g Fett 4,2 g
Kohlenhydrate 4,1 g Protein 699 mg Natrium

Einfacher Sellerie-Orangen-Salat

Zubereitungszeit: 15 Minuten

Kochzeit : 0 Minuten

Portionen: 6

Schwierigkeitsgrad: Leicht

Zutaten:

- <u>Salat:</u>
- 3 Selleriestangen, einschließlich Blätter, schräg in ½-Zoll-Scheiben geschnitten
- ½ Tasse grüne Oliven
- ¼ Tasse geschnittene rote Zwiebel
- 2 große geschälte Orangen, in Runden geschnitten
- <u>Dressing:</u>
- 1 Esslöffel natives Olivenöl extra
- 1 Esslöffel Zitronen- oder Orangensaft
- 1 Esslöffel Olivenlake
- ¼ Teelöffel koscheres oder Meersalz
- ¼ Teelöffel frisch gemahlener schwarzer Pfeffer

Richtungen:

Salat zubereiten: Selleriestangen, grüne Oliven, Zwiebeln und Orangen in eine flache Schüssel geben. Gut mischen und beiseite stellen.

Dressing herstellen: Olivenöl, Zitronensaft, Olivenlake, Salz und Pfeffer gut verrühren.

Das Dressing in die Salatschüssel füllen und leicht schwenken, bis es vollständig bedeckt ist.

Gekühlt oder bei Zimmertemperatur servieren.

Ernährung (für 100g): 24 Kalorien 1,2 g Fett 1,2 g Kohlenhydrate 1,1 g Protein 813 mg Natrium

Gebratene Auberginenröllchen

Zubereitungszeit: 20 Minuten

Kochzeit : 10 Minuten

Portionen: 6

Schwierigkeitsgrad : Durchschnitt

Zutaten:

- 2 große Auberginen
- 1 Teelöffel Salz
- 1 Tasse geriebener Ricotta-Käse
- 4 Unzen (113 g) Ziegenkäse, gerieben
- ¼ Tasse fein gehacktes frisches Basilikum
- ½ Teelöffel frisch gemahlener schwarzer Pfeffer
- Olivenöl Spray

Richtungen:

Die Auberginenscheiben in ein Sieb geben und mit Salz würzen. 15 bis 20 Minuten beiseite stellen.

Ricotta und Ziegenkäse, Basilikum und schwarzen Pfeffer in einer großen Schüssel vermischen und verrühren. Beiseite legen. Tupfe die Auberginenscheiben mit Küchenpapier trocken und besprühe sie leicht mit Olivenölspray.

Erwärmen Sie eine große Pfanne bei mittlerer Hitze und besprühen Sie sie leicht mit Olivenölspray. Die

Auberginenscheiben in der Pfanne anrichten und von jeder Seite 3 Minuten goldbraun braten.

Vom Herd nehmen, auf einen mit Küchenpapier ausgelegten Teller legen und 5 Minuten ruhen lassen. Auberginenröllchen herstellen: Die Auberginenscheiben auf eine ebene Arbeitsfläche legen und jede Scheibe mit einem Esslöffel der vorbereiteten Käsemischung belegen. Aufrollen und sofort servieren.

Ernährung (für 100g): 254 Kalorien 14,9 g Fett 7,1 g Kohlenhydrate 15,3 g Protein 612 mg Natrium

Schüssel mit geröstetem Gemüse und braunem Reis

Zubereitungszeit: 15 Minuten

Kochzeit : 20 Minuten

Portionen: 4

Schwierigkeitsgrad : Durchschnitt

Zutaten:

- 2 Tassen Blumenkohlröschen
- 2 Tassen Brokkoliröschen
- 1 (15-Unzen / 425-g) Dose Kichererbsen
- 1 Tasse Karottenscheiben (ca. 2,5 cm dick)
- 2 bis 3 Esslöffel natives Olivenöl extra, geteilt
- Salz und schwarzer Pfeffer nach Geschmack
- Antihaft-Kochspray
- 2 Tassen gekochter brauner Reis
- 3 Esslöffel Sesamkörner
- <u>Dressing:</u>
- 3 bis 4 Esslöffel Tahin
- 2 Esslöffel Honig
- 1 Zitrone, entsaftet
- 1 Knoblauchzehe, gehackt
- Salz und schwarzer Pfeffer nach Geschmack

Richtungen:

Bereiten Sie den Ofen auf 205 °C vor. Zwei Backbleche mit Antihaft-Kochspray besprühen.

Blumenkohl und Brokkoli auf dem ersten Backblech verteilen und das zweite mit den Kichererbsen- und Karottenscheiben.

Jedes Blatt mit der Hälfte des Olivenöls beträufeln und mit Salz und Pfeffer bestreuen. Zum Beschichten gut schwenken.

Kichererbsen und Karottenscheiben im vorgeheizten Backofen 10 Minuten rösten, Karotten zart aber knusprig lassen, Blumenkohl und Brokkoli 20 Minuten gabelzart lassen. Nach der Hälfte der Garzeit einmal umrühren.

In der Zwischenzeit das Dressing herstellen: Tahini, Honig, Zitronensaft, Knoblauch, Salz und Pfeffer in einer kleinen Schüssel verrühren.

Den gekochten braunen Reis auf vier Schüsseln verteilen. Jede Schüssel gleichmäßig mit geröstetem Gemüse und Dressing belegen. Vor dem Servieren Sesam zum Garnieren darüber streuen.

Ernährung (für 100g): 453 Kalorien 17,8 g Fett 11,2 g Kohlenhydrate 12,1 g Protein 793 mg Natrium

Blumenkohlhasch mit Karotten

Zubereitungszeit: 10 Minuten

Kochzeit : 10 Minuten

Portionen: 4

Schwierigkeitsgrad: Leicht

Zutaten:

- 3 Esslöffel natives Olivenöl extra
- 1 große Zwiebel, gehackt
- 1 Esslöffel gehackter Knoblauch
- 2 Tassen gewürfelte Karotten
- 4 Tassen Blumenkohlröschen
- ½ Teelöffel gemahlener Kreuzkümmel
- 1 Teelöffel Salz

Richtungen:

Das Olivenöl bei mittlerer Hitze kochen. Zwiebel und Knoblauch untermischen und 1 Minute anbraten. Möhren einrühren und 3 Minuten braten. Blumenkohlröschen, Kreuzkümmel und Salz hinzufügen und vermengen.

Abdecken und 3 Minuten braten, bis sie leicht gebräunt sind. Gut umrühren und ohne Deckel 3 bis 4 Minuten kochen, bis sie weich sind. Vom Herd nehmen und warm servieren.

Ernährung (für 100g): 158 Kalorien 10,8 g Fett 5,1 g Kohlenhydrate 3,1 g Protein 813 mg Natrium

Knoblauch-Zucchini-Würfel mit Minze

Vorbereitungszeit: 5 Minuten

Kochzeit : 10 Minuten

Portionen: 4

Schwierigkeitsgrad: Leicht

Zutaten:

- 3 große grüne Zucchini
- 3 Esslöffel natives Olivenöl extra
- 1 große Zwiebel, gehackt
- 3 Zehen Knoblauch, gehackt
- 1 Teelöffel Salz
- 1 Teelöffel getrocknete Minze

Richtungen:

Das Olivenöl in einer großen Pfanne bei mittlerer Hitze anbraten.

Zwiebel und Knoblauch untermischen und 3 Minuten unter ständigem Rühren dünsten oder bis sie weich sind.

Zucchiniwürfel und Salz einrühren und 5 Minuten kochen lassen, oder bis die Zucchini gebräunt und zart ist.

Die Minze in die Pfanne geben und vermengen, dann 2 Minuten weiterkochen. Warm servieren.

Ernährung (für 100g): 146 Kalorien 10,6 g Fett 3 g Kohlenhydrate 4,2 g Protein 789 mg Natrium

Zucchini-Artischocken-Schüssel mit Faro

Zubereitungszeit: 15 Minuten

Kochzeit : 10 Minuten

Portionen: 6

Schwierigkeitsgrad: Leicht

Zutaten:

- 1/3 Tasse natives Olivenöl extra
- 1/3 Tasse gehackte rote Zwiebeln
- ½ Tasse gehackte rote Paprika
- 2 Knoblauchzehen, gehackt
- 1 Tasse Zucchini, in ½ Zoll dicke Scheiben geschnitten
- ½ Tasse grob gehackte Artischocken
- ½ Tasse Kichererbsen aus der Dose, abgetropft und gespült
- 3 Tassen gekochter Faro
- Salz und schwarzer Pfeffer nach Geschmack
- ½ Tasse zerbröckelter Feta-Käse zum Servieren (optional)
- ¼ Tasse geschnittene Oliven zum Servieren (optional)
- 2 Esslöffel frisches Basilikum, Chiffonade, zum Servieren (optional)
- 3 Esslöffel Balsamico-Essig, zum Servieren (optional)

Richtungen:

Das Olivenöl in einer großen Pfanne bei mittlerer Hitze erhitzen, bis es schimmert. Zwiebeln, Paprika und Knoblauch mischen und 5

Minuten anbraten, dabei gelegentlich umrühren, bis sie weich sind.

Zucchinischeiben, Artischocken und Kichererbsen einrühren und etwa 5 Minuten anbraten, bis sie leicht weich sind. Fügen Sie den gekochten Faro hinzu und mischen Sie ihn, bis er durchgeheizt ist. Mit Salz und Pfeffer würzen.

Teilen Sie die Mischung in Schüsseln auf. Jede Schüssel gleichmäßig mit Feta-Käse, Olivenscheiben und Basilikum belegen und nach Belieben mit dem Balsamico-Essig bestreuen.

Ernährung (für 100g): 366 Kalorien 19,9 g Fett 9 g Kohlenhydrate 9,3 g Protein 819 mg Natrium

Zucchini-Krapfen mit 5 Zutaten

Zubereitungszeit: 15 Minuten

Kochzeit : 5 Minuten

Portionen: 14

Schwierigkeitsgrad : Durchschnitt

Zutaten:

- 4 Tassen geriebene Zucchini
- Salz nach Geschmack
- 2 große Eier, leicht geschlagen
- 1/3 Tasse geschnittene Frühlingszwiebeln
- 2/3 Allzweckmehl
- 1/8 Teelöffel schwarzer Pfeffer
- 2 Esslöffel Olivenöl

Richtungen:

Die geriebene Zucchini in ein Sieb geben und leicht salzen. 10 Minuten ruhen lassen. Greifen Sie so viel Flüssigkeit wie möglich aus der geriebenen Zucchini.

Die geriebene Zucchini in eine Schüssel geben. Die geschlagenen Eier, Frühlingszwiebeln, Mehl, Salz und Pfeffer unterheben und rühren, bis sich alles gut vermischt hat.

Das Olivenöl in einer großen Pfanne bei mittlerer Hitze erhitzen, bis es heiß ist.

Lassen Sie 3 Esslöffel Hügel der Zucchini-Mischung auf die heiße Pfanne fallen, um jedes Krapfen zu machen, stecken Sie sie leicht in Runden und halten Sie sie etwa 5 cm auseinander.

2 bis 3 Minuten kochen. Die Zucchini-Krapfen wenden und weitere 2 Minuten braten, oder bis sie goldbraun und durchgegart sind.

Vom Herd nehmen und auf einen mit Küchenpapier ausgelegten Teller legen. Mit der restlichen Zucchini-Mischung wiederholen. Heiß servieren.

Ernährung (für 100g): 113 Kalorien 6,1 g Fett 9 g Kohlenhydrate 4 g Protein 793 mg Natrium